인문학을 하나님께 3

인문학을

한재욱 지음

하나님께

³

규장

감사의 글

인문학,
그 세 번째 이야기를 시작하며

할렐루야!
'인문학을 하나님께' 3집을 하나님께 드립니다.
1집은 인문학의 개관을 하나님께 드렸고,
2집은 인문학의 **뼈대**를 이루는 철학과 역사를 하나님께 드렸습니다.
이제 3집은 가장 친근한 인문학인 문학의 시와 소설을 하나님께 드립니다.
특히 어려운 시대에 시와 소설이 주는 공감과 위로를 중심 주제로 하였습니다. 우리에게 소설은 이웃집 아저씨같이 다정하고, 시는 님처럼 향기롭습니다. 그러나 성경은 공감과 위로를 넘어 생명을 주고 길을 보여주고 정답을 줍니다. 소설과 시의 주인도 하나님입니다.
사랑하는 주님이 계셔서 감사하고, 하나님의 말씀 성경이 있어 감사합니다. 또한 하나님의 선물인 책이 있어 감사합니다.
고난의 시대에 사랑하는 교회와 성도님들과 동역자들 그리고 독자들과 청취자들이 곁에 있어 감사합니다.
동역자이자 친구이자 가장 깊은 독자이기도 한 사랑하는 아내 김연주 사모, 사랑하는 아들 현수, 윤수가 있어 감사합니다.

하늘과 별과 달, 시와 예술을 느낄 수 있어 감사합니다.
이렇게 살아온 것이 기적이고, 살아갈 날도 기적입니다.
이보다 더 큰 기적을 찾아 유랑하는 방랑자가 아니라,
이 기적들에 감사하는 시인이 되고 싶습니다.

주님의 작은 종
한재욱 목사

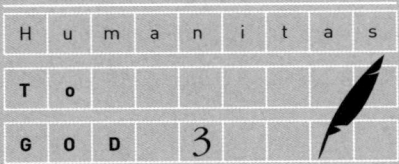

Contents

감사의 글

1 우리는 하나님의 걸작품 시

13	우리는 하나님의 걸작품 시
29	나로서 살아가는 것이 하나님께 영광이다 _ 한재욱	아름다움
35	그대의 기준으로 내게 깊이를 강요하지 말라 _ 파트리크 쥐스킨트	깊이에의 강요
42	네 존재 자체를 사랑한단다 _ 카프카	변신
49	소를 웃긴 꽃을 보았으니 꽃을 웃긴 소를 보자 _ 윤희상	소를 웃긴 꽃
55	믿음으로 뻥을 치자 _ 박성민	왕새우 소금구이
61	사랑은 아름다운 간격이 있어야 한다 _ 안도현	간격
66	당연한 것이 아닌 너무나 고마운 것들 _ 이무라 フ즈키요	종이학
71	당신이 있어 따뜻합니다 _ 박제영	아내
76	너를 자세히 오래 보며 사랑한다 _ 나태주	풀꽃·1
81	지푸라기 같은 그대! 그대는 쓸모있는 존재야 _ 정호승	지푸라기
88	좋은 시인인 그대, 힘내세요 _ 함민복	긍정적인 밥
94	진실은 한 걸음 한 조각으로도 충분하다 _ 올라브 하우게	내게 진실의 전부를 주지 마세요
99	성경은 본질과 진짜 행복을 보여준다 _ 올더스 헉슬리	멋진 신세계

2 하나님과 동행한 이야기가 있는 삶

111	이야기가 있는 사람은 복이 있나니	
126	동그란 말을 하는 동그란 사람이 만드는 동그란 세계 _ 이대흠 | 동그라미	
133	유쾌 상쾌 통쾌 꽃보다 할배 _ 요나스 요나손 | 창문 넘어 도망친 100세 노인	
141	좋은 말 믿음의 말부터 시작하면 된다 _ 황인숙 | 말의 힘	
146	한 번이기에 오늘이 아름답다 _ 비스와바 쉼보르스카 | 두 번은 없다	
151	평상시의 경건이 위기를 극복하는 힘이다 _ 파트리크 쥐스킨트 | 문학의 건망증	
157	기다려준 시간은 그가 나를 사랑한 크기 _ 황지우 | 너를 기다리는 동안	
165	꼰대가 아닌 멘토 _ 이은성 | 소설 동의보감	
171	그런 친구를 가진 사람은 복이 있나니 _ 셰익스피어 | 베니스의 상인	
182	사랑하고 사랑하면 가면이 진짜 얼굴이 된다 _ 맥스 비어봄 | 행복한 위선자	
186	아름다운 낭비가 세상을 변화시킨다 _ 이자크 디네센 | 바베트의 만찬	
193	작고 일시적인 행복과 크고 영원한 행복 _ 오스카 와일드 | 행복한 왕자	
200	헛된 달리기가 아니니 얼마나 행복한가 _ 허먼 멜빌 | 모비딕	
208	거짓 의미 무의미를 넘어 참 의미로 _ 밀란 쿤데라 | 무의미의 축제	

3 상처는 꽃이 되고 별이 되고

217 사람이 둥근 의인이 되는 법이 있다 _ 귄터 그라스 | 공은 둥글다
224 상처 입은 피해자 상처 입은 복수자 상처 입은 치유자
_ 복효근 | 상처에 대하여
232 지긋지긋한 열등감에서 벗어나기 위하여
_ 베른하르트 슐링크 | 책 읽어주는 남자
238 약점이 주님을 만나면 강점이 된다 _ 스텐 나돌니 | 느림의 발견
246 상처가 꽃이 되는 사람들 _ 세레나 발렌티노 | 디즈니의 악당들
253 네가 아프니 나도 아프다 _ 엘리 위젤 | 나이트
263 그대의 그늘까지도 사랑한다 _ 정호승 | 내가 사랑하는 사람
271 수많은 칼집이 있는 그대에게 _ 여영미 | 도마
276 목이 메는 말 '아버지' _ 황인숙 | 딸꾹거리다
282 내 뜻대로 안 될지라도 _ 무명 병사의 기도
288 버려야 얻는 것 버려야 아름다운 것 _ 도종환 | 단풍드는 날
296 하나님이 완행버스를 태워주시는 이유 _ 공광규 | 완행버스로 다녀왔다
300 부조리하고 웃기고 농담 같은 세상이지만 _ 밀란 쿤데라 | 농담

후주

1

Humanitas To GOD

우 리 는
하나님의
걸작품 시

―

나는 나의 삶으로 쓰는 하나님의 시(詩)입니다

우리는 하나님의
결작품 시

워즈워스(William Wordsworth)는 시를 가리켜 "최상의 언어를 최상의 순서로 늘어놓은 것"이라고 했다. '최상의 말'인 시의 언어는 입안에 맴도는 말을 그냥 쏟아낸 것이 아니다. 기쁨과 슬픔, 희망과 절망 그 모두를 안으로 안으로 삼켜 깊고 맑은 에너지로 만든 다음, 최상의 언어로 다듬고 더 이상 어찌할 수 없을 때 토해내는 것이 시다.

소설가 이외수의 표현대로 엄마가 그냥 '섬'에 굴 따러 가면 산문이 되고, 엄마가 '섬 그늘'에 굴 따러 가면 시가 된다. 걸작 명작은 한 치수, 한 땀, 한 사소함에서 판가름이 난다. 어느 시인은 조사 '은'과 '는'을 결정하는 데 몇 달을 고심한다. 어느 도공(陶工)은 백 개의 도자기를 깨고서 한 개를 고른다. 어느 편집

디자이너는 글자 간격 0.1밀리미터를 밤새 조절한다. 그렇게 해서 나온 모든 결과물을 '시'라고 부르자.

시인 정지용은 "미인의 점 하나는 매력이 될 수 있으나, 시에서 잘못 찍은 점 하나는 시 전체를 무너뜨린다"라고 했다. 아주 작은 차이지만 분명 '아' 다르고 '어' 다르다. '님'이라고 쓰려 하다가 점 하나를 잘못 찍으면 '남'이 된다. '빛'이 '빚'이 되고, '감성'이 '감정'이 되기도 하고, '마침표'가 '미침표'가 되기도 한다.

시는 한 치의 어긋남도 없도록 애쓴 고심과 세밀함 끝에 최상의 한 글자 한 글자가 모여 나오게 된다.

김영랑 님 의 고운 시 〈허리띠 매는 시악시〉에 이런 구절이 나온다.

> 허리띠 매는 시악시 마음실같이
> 꽃가지에 은은한 그늘이 지면
> 흰 날의 내 가슴 아지랭이 낀다
> 흰 날의 내 가슴 아지랭이 낀다[1]

여기서 '시악시'를 '색시'로 하면, '마음실'을 그냥 '마음'으로 하면 그저 밋밋한 설명문이 된다. 시인이 말한 '흰 날'은 무엇인지? 젊은 날인지, 생의 어느 깊은 날인지, 아니면 결정적인 그날인지 잘 모르겠다. 그런데 모르는 채로 깊은 상상을 자아내는

'흰 날'이기에 더욱 좋다. 시악시 때문에 시가 되고, 마음실 때문에 시가 된다. 흰 날 때문에 더욱 시가 된다.

한 작가가 있었다. 화창한 아침에 친구들이 찾아와 소풍을 가자고 했으나 작가는 작품을 써야 하기 때문에 갈 수 없다고 했다. 할 수 없이 친구들만 소풍 갔다가 돌아왔다. 작가는 일을 많이 해서 기분이 좋다고 했다. 친구들은 작품을 얼마나 썼는가 보여달라고 했다. 그런데 그가 보여준 원고는 그들이 소풍 가기 전에 본 것과 달라진 것이 없었다. 도대체 무슨 일을 했느냐고 묻자 작가는 이렇게 대답했다.

"종일토록 쉼표(,)를 쌍반점(;)으로 바꿨다가 오늘 다시 쉼표로 바꿨다네. 정말 열심히 일했네…."

《보바리 부인》의 작가로 프랑스 사실주의 문학파의 대가인 귀스타브 플로베르(Gustave Flaubert)의 일화다. 그의 위대한 작품들은 쉼표 하나도 허투루 찍지 않는 치밀함과 정밀함 속에서 탄생한 것이다.

플로베르는 '하나의 사물에 꼭 맞는 하나의 말!'을 찾는 구도자였다. 더 구체적으로 말하자면 하나의 사물의 본질을 드러내는 데 하나의 가장 적절한 명사가 있고, 하나의 동작을 표현하는 데 하나의 가장 적절한 동사가 있으며, 하나의 상태를 묘사하는 데도 하나의 가장 적절한 형용사가 있다고 생각했다. 이것을 사람들은 '일물일어설'(一物一語說)이라고 했다.

예를 들어 '청색'을 나타내기 위한 우리말 형용사가 참 많다.

푸르다, 푸르뎅뎅하다, 푸르스레하다, 푸르스름하다, 푸르죽죽하다, 짙푸르다, 검푸르다, 파랗다, 새파랗다, 시퍼렇다, 파르무레하다, 파릇파릇하다…

이 중에서 어느 것을 골라야 이 상황과 분위기에 가장 적합한가. 시인은 가장 적절한 하나의 언어를 찾으려 밤을 하얗게 지샌다. 다시 말한다. 시의 언어는 이런 인고(忍苦) 끝에 나오는 것이다.

한 사람을 더 소개하자. 소설가 김훈이다.

"버려진 섬마다 꽃이 피었다."

김훈의 대표작 《칼의 노래》(문학동네, 2012)의 첫 문장이다. 작가는 이 첫 문장을 쓰면서 무수한 몸부림 끝에 "꽃은 피었다"가 아니라 "꽃이 피었다"로 선택했다. 한 방송 인터뷰에서 "'꽃은 피었다'와 '꽃이 피었다'가 그렇게 다릅니까?"라는 진행자의 질문에 김훈은 그렇다고 답하며 다음과 같이 그 이유를 밝혔다.

"'꽃은 피었다'는 말하자면 정서의 세계고 '꽃이 피었다'는 사실의 세계인 것이죠. '꽃이 피었다'는 이제 꽃이 핀 사실을 객관적으로 말하는 것이고, '꽃은 피었다'는 그 객관적인 사실에 그것을 들여다보는 사람의 주관적 정서가 개입된 것이죠. 만약 '꽃도 피었다'

하면은 정서가 더 많이 개입된 것이죠. 제가 쓰고자 하는 것은 사실의 세계에 가까이 다가가려고 하는 것입니다. 정서를 배제한 사실의 세계에 접근해야만 글이 그 좀 깔끔해지고 그 글로서의 힘을 갖게 되는 게 아닌가 그런 생각을 하고 있어요."

― 〈EBS 초대석〉 2017년 3월 29일 방송 중에서 ―

작가는 그 한 땀의 차이에 혼을 싣고자 한 것이다.

지존의 하나님이 지으신 최상의 걸작품

그런데 하나님은 이 모든 작가들보다 훨씬 더 세밀하게 만물을 창조하셨다. 창세기에 나오는 창조의 순서를 보자. 하나님은 먼저 빛을 만드시고, 바다와 하늘의 궁창(공간)을 만드셨다. 그런 후에 땅을 창조하시고, 해와 달과 별을 만드셨다. 그러고 나서 물고기와 새 그리고 짐승과 인간을 창조하셨다. 이것을 자세히 들여다보면 기가 막히다.

하나님은 먼저 빛을 만드신 다음 빛을 사용할 해와 달과 별을 만드셨고, 물과 하늘을 만드신 다음 물을 헤엄칠 물고기와 하늘을 날아다닐 새들을 만드신 것이다. 그리고 땅을 먼저 만드시고 마지막으로 땅의 주인이 될 짐승과 인간을 만드셨다. 우리의 눈이 있기 전에 빛이 있었고, 코가 있기 전에 공기가 있었다. 하나님은 이렇듯 치밀하게 계획하시고 만물을 지으셨다. 만물과 우리 인간은, 실존주의자들이 주장하는 것처럼 우연히 이 땅에 '던져진' 존재가 아니다. 하나님의 선한 목적과 치밀한 계획이 있어서 이 땅에 '보내진' 존재다.

더군다나 하나님은 우리를 가리켜 '하나님의 걸작품 시'라고 하셨다.

> 우리는 그가 만드신 바라 그리스도 예수 안에서 선한 일을 위하여 지으심을 받은 자니 ____ 엡 2:10

이 구절에서 '만드신 바라'라고 번역된 헬라어 원문은 '포이에마'(poiema)로, 여기서 영어의 'poem', 즉 '시'가 나왔다. 많은 영어 번역에서는 '포이에마'를 'masterpiece', 즉 걸작품이라고 번역했다.

표준 새번역 성경은 이 부분을 이렇게 해석했다.

> 우리는 하나님의 작품입니다. 선한 일을 하게 하시려고 하나님께서 그리스도 예수 안에서 우리를 만드셨습니다. 하나님께서 이렇게 준비하신 것은 우리가 선한 일을 하면서 살아가게 하시려는 것입니다.

앞서 살펴본 시인들, 작가들이 그토록 치열하게 혼을 실어 시의 말 한 땀 한 땀을 적어간 것과는 비교할 수 없이, 최고의 시인이신 지존의 하나님이 최상의 마음으로 그분의 형상과 같이 지으신 존재가 바로 우리다.

이 말씀을 통해 들려주시는 주님의 음성이 들리지 않는가.

"너는 나의 시(詩)야! 너는 나의 노래야! 나의 시같이 나의 노래같이 멋지게 살아다오."

나의 시를 쓰며 살자

아멘. 세상에서 집중 없이 피어난 꽃은 없다. 우리는 하나님의 집중으로 피워낸 꽃이다. 우리는 대충 던져진 존재가 아니고 하나님이 연습 삼아 대충 만들어본 습작품도 아니다. 우리는 최고의 시인이신 하나님의 걸작품 시다. 그리하여 나만이 나타낼 수 있는 하나님의 영광이 있다.

백 명이 시를 지으면 백 가지 시가 나온다. 미국 사람은 영시를 짓고, 중국 사람은 한시를, 일본 사람은 하이쿠를 짓는다. 어떤 사람은 활활 타오르는 저항시를 짓고, 어떤 사람은 달빛을 녹이는 서정시를 쓴다. 우리는 "그리스도 예수 안에서 선한 일을 위하여" 각자가 삶으로 써야 하는 시가 있다.

> 우리는 그가 만드신 바라 그리스도 예수 안에서 선한 일을 위하여 지으심을 받은 자니 ──── 엡 2:10

김소월의 시도 좋고 윤동주의 시도 좋다. 어느 시가 더 비싸냐고 묻는다면 걸작품 시를 상품 취급하는 것이다. 소월의 시와 동주의 시가 다르듯이 내가 써야 할 시와 그가 써야 할 시는 다르다. 하늘나라에서는 나의 시와 그의 시에 우열을 매기지 않는다. 나의 시를 쓰면 된다.

참여시를 쓰는 사람이 순수시를 쓰는 사람에게 "너의 시는 왜 그리 불이 없냐?"라고 한다면, 순수시를 쓰는 사람이 참여시를 쓰는 사람에게 "너의 시는 왜 그리 딱딱하냐?"라고 한다면, 베토벤에게 "그대는 왜 힙합을 못 만드냐?"라고 말하는 것과 같다. 동그라미는 동그라미답게 네모는 네모답게 살면 된다. '동그라미'가 네모 흉내를 내면서 '돔그라미'로 산다면, '네모'가 동그라미를 부러워하며 '네오'로 산다면 얼마나 우스운가. 멋진 모습은 나다운 것이다. 남과 파괴적인 비교를 하지 말고 내게 주신 은혜대로 나의 시를 써 가면 된다.

2,500여 년 전 중국의 철학자 장자(莊子)가 말한 '무용지용'(無用之用)이라는 말이 있다. '쓸모없는 것의 쓸모 있음'이라는 의미다. 곧게 자란 나무는 목재로 쓰이기에 잘리고, 계수나무는 먹을 수 있어서 베이고, 옻나무는 쓸모가 있어서 벗겨진다. 쓸모없는 나무였다면 자신의 수명을 다했을 터인데 쓸모가 있어서 일찍 베어진 것이다.

그렇다면 아무 노력도 하지 않는 쓸모없는 인간이 되어야 하는가? 그렇지 않다. '쓸모 있다는 것의 상대적 가치'를 말하고자 하는 것이다. 획일적인 잣대로 쓸모가 있다, 없다 말하는 것은 편견이자 폭력이다. 쓸모 있는 것도 다른 기준으로 보면 쓸모없게 되고, 쓸모없는 것도 어떤 상황에서는 매우 유용하다. 깨어진 독은 쓰레기가 될 수 있지만, 꽃을 심어 놓으면 예술품이 될 수도 있다.

'하로동선'(夏爐冬扇)이라는 말이 있다. '여름 화로와 겨울 부채'라는 의미로 아무 쓸모가 없는 존재를 비유하는 말이다. 그러나 여름 화로나 겨울 부채가 그 계절에는 쓸모없다 해도 제철을 만나면 크게 쓰임받으며, 뿐만 아니라 비록 무더운 여름이라 할지라도 화로는 비에 젖은 옷을 말릴 수 있고, 겨울 부채라 해도 화로 불씨를 되살리는 데 쓰일 수 있다.

그러니 무용지물(無用之物)은 없다. 무용지용(無用之用)이다. "못생긴 나무가 산을 지킨다"고 하지 않는가. 잘생긴 나무는 나무꾼의 눈에 일찍 띄어 잘리고 만다. 그러나 못생긴 나무는 못생긴 덕분에 산을 지키고 굵은 나무가 된다.

하나님이 지으신 만물, 하나님이 이 땅에 보내신 성도는 모두 저마다의 역할과 사명이 있다. 신앙이란, 주님 안에서 자기의 소중함과 아름다움을 발견하고 그 길을 걷는 것이다.

다시 말해보자. 주님이 나에게 주신 나의 시를 쓰면서 살면 된다. 나의 시 나의 스토리가 최고의 아름다움이다.

우리는 이웃에게 그리움과 영원을 전해주는 시인

플라톤은 "사랑하면 누구나 시인이 된다"라고 하였다. 그런데 철학자 셸링은 《예술철학》에서 이렇게 말했다.

"여러분, 누가 시인입니까? 역사적으로 유명한 시인들이 많습니다. 그러나 나는 여러분에게 다시 한번 묻습니다. 과연 누가 진정한 시인입니까? 인간은 누구나 시인입니다."[2]

옳다. 비록 시집을 펴내는 시인이 될 수는 없더라도 우리는 누구나 시인이다. 사랑하기 전에도 시인이다. 눈길을 걸어도 시인이 되고 달이 떠도 시인이 된다. 아니 밤만 되어도, 커피만 마셔도 시인이 된다. 시골 담벼락에 먹기 좋은 호박을 심지 않고 곱디고운 채송화를 심은 가난한 농부도 시심(詩心) 가득한 시인이다.

'죽은 시인의 사회' 속에 사는 우리는 시인이 되어 죽어가는 그리움과 사랑에 색을 칠해주고 노래를 불러주어야 한다.

장영희 교수는 "시인은 바람에 색깔을 칠하는 사람"이라고 했다. 분명 거기에 있는데, 분명 무언가 있는 것을 느끼는데 어떻게 말로 표현할 수 없는 것을 대신 표현해주는 사람. 그가 바로 시인이다.

맥닐 휘슬러는 안개 그림으로 유명한 화가다. 소설가 오스카 와일드는 "휘슬러가 안개를 그리기 전에는 런던에는 안개가 없었다"라는 유명한 말을 했다. 휘슬러가 런던의 안개에 생명을 불어넣어 준 후에야 런던의 안개가 사람들에게 사랑을 받았다는 얘기다. 보이지는 않지만 우리는 분명 바람을 느낀다. 이때, 시인들이 바람에 색깔을 칠해주면 깨닫게 된다.

"아, 바람은 노란색이구나!"

"연록색이 되기도 하는구나!"

지금 우리 시대는 살기 어렵다는 이유로 그리움과 사랑이 더욱 메말라 희미해져 있다. 이때 시인인 우리는 그리움을 잊은 이웃들에게 이야기해주어야 한다. 그리움이 돈보다 얼마나 아름다우며 얼마나 사람답게 하는지를 말해주어야 한다. 우리 주위에 있는 그리움의 변형에 관한 이야기를 들려주어야 한다. 어째서 그리움은 꽃이 되기도 하고 천 년의 바위가 되기도 하고 바람이 되기도 하는가를 이야기해주어야 한다. 그리움이 우리 주위에 진달래로 피어 있고, 이끼 가득한 바위로 앉아 있고, 낡은 문짝을 흔드는 바람으로 지금도 날리고 있다는 것을 일러주어야 한다.

우울한 사람에게는 명랑한 종달새도 되며 메마른 사람에게는 다정한 따오기가 되어주어야 한다. 움츠린 사람에게는 활짝 날아오르는 파랑새가 되어주어야 한다. 그러면서 당신은 아직도 하나님의 마음을 품은 시인이라고 말해주어야 한다. 그래서 꽃을 보고 기뻐하고, 바람을 느끼며 손을 벌리는 것이라고 말해주어야 한다.

무엇보다 성도들은 그냥 시인이 아니라 하늘의 시인들이다. 우리 마음속에는 하나님, 영혼, 사랑, 죽음, 죄 용서 등 영원에 잇닿은 생각들이 있다. 그런데 생활에 파묻히고 죄악에 빠져 잊어버리고 사는 경우가 많다. 그때 하늘의 시인이 말을 건네주어야 한다.

"하나님이 계십니다. 우리에게는 영혼이 있습니다. 주홍빛 같은 죄를 씻는 길이 있습니다. 생명의 삶을 사는 길이 있습니다."

성도들은 영혼과 영원에 색깔을 칠해주는 하늘의 시인이다. 그리하여 사람을 살리는 고귀한 존재들이다. 시인 이상의 시인이다.

존재하는 것은 눈에 보이지만, 그것을 존재하게 하는 것은 눈으로 볼 수 없다. 그것은 마치 꽃과 달과 별은 눈에 보이지만, 꽃을 피게 하고 달과 별을 떠 있도록 만드는 것은 볼 수 없는 이치와 같다. 보이지 않는 이 본질을 보는 눈을 '믿음'이라고 한다. 그래서 하나님은 이렇게 말씀하신다.

> 믿음으로 모든 세계가 하나님의 말씀으로 지어진 줄을 우리가 아나니 보이는 것은 나타난 것으로 말미암아 된 것이 아니니라
> ____ 히 11:3

성도들은 보이지 않는 만물의 본질을 볼 줄 아는 하늘의 시인들이다.

사람들은 모두 별만을 바라보며 아름답다고 한다.

시인은 별과 별 사이의 어둠을 본다.

하늘의 시인은 저 별을 지으신 이, 그리고 별 사이의 어둠을 지으신 이가 하나님이신 것을 말해준다.

사람들은 흔들거리는 갈대를 보고 노래를 한다.

시인은 갈대밭에 사는 바람을 본다.

하늘의 시인은 갈대와 갈대를 움직이는 바람을 지으신 하나님을 말해준다.

영화 〈포카혼타스〉(Pocahontas)에 이런 대사가 나온다.

"당신을 모르고 100년을 사는 것보다 당신을 알고 지금 당장 죽는 게 나아요."

지식생태학자 유영만은 이 구절을 다음과 같이 바꿔서 말할 수 있다고 했다.

"내가 정말 누구인지를 모르고 100년을 사는 것보다 내가 정말 누구인지를 알고 지금 당장 죽는 게 나아요."[3]

자신의 존재 이유를 발견하고 나다운 삶을 사는 삶이 가장 복된 삶이다. 니체는 존재에 관한 관심이 지대했다. 그래서 그는 《차라투스트라는 이렇게 말했다》에서 이런 고백을 했다.

"차라투스트라여, 너 아직 살아 있는가? 무슨 까닭으로? 무엇을 위해? 무엇으로써? 어디로? 어디에서? 어떻게? 아직 살아 있다는 것, 그것은 어리석은 일이 아닌가?"[4]

니체는 왜, 무엇 때문에, 무엇에 의해, 어디로 가고 있는지, 어째서 사는지 모른다면 살아 있다는 것이 어리석은 일이라고 말할 정도였다. 그러나 불행하게도 그는 자신의 존재 이유를 끝내 발견하지 못하고 죽었다. 하지만 하늘의 시인인 우리는 우리 존재의 근원을 안다. 우리 존재의 사명도 알고, 그 사명의 길을 다한 후에 다다르게 될 하늘나라도 알고 있다. 시인들과 철학자들이 그토록 알고 싶어 하는 '아르케'(Arche, 본질)를 알고 있는 복된 존재들이다.

사람들은 거의 모두 그냥 살아간다. 그저 눈앞에 주어진 문제들을 하나둘씩 풀면서 나이를 먹어간다. 한 문제를 풀면 또 다른 문제가 다가오고, 그 문제를 풀면 또 다른 문제가 밀려오고… 해결해야 할 문제에 치여 사는 것이 인생이다.

시인은 우리가 이렇게 눈앞의 문제나 풀며 그냥 살아가다가 잃어버린 아름다움과 그리움과 사랑을 노래한다.

하늘 시인인 우리는 내가 누구인지, 어디서 와서 어디로 가는지, 나의 붉은 죄는 어떻게 씻을 수 있는지, 영원한 삶이란 무엇인지 말해준다. 구원의 길 생명의 길로 인도해준다. 이처럼 귀한 사명이 어디 있겠는가.

아직 목마르다. 시의 우물에서 한 두레박을 더 길어 올리자.

우리는 해석의 그릇에 넘치는 귀한 걸작품

〈가지 않은 길〉의 시인 로버트 프로스트(Robert Frost)는 시에 대해 "시란 번역의 과정에서 잃어버린 그 무엇!"(Poetry is what gets lost in translation)이라고 말했다. 참 기가 닥힌 표현이다.

김소월님의 시 〈진달래꽃〉에서 "말없이 고이 보내드리오리다"를 "I will let you go without saying a word"라고 번역하면 그 애련한 맛이 나겠는가? "사뿐히 즈려밟고 가시옵소서"에서 '즈려'는 도대체 어떻게 번역한단 말인가.

"시란 번역의 과정에서 잃어버린 그 무엇!"

시의 언어를 온전히 잡아서 번역할 수 있는 그 무엇은 없다.

사람은 더욱 그렇다. 그 사람은 돈이 없다, 건강이 없다, 지위가 없다고 하면서 무 자르듯 뚝 잘라 해석할 수 없다. 이러한 것들은 사람의 존재 100퍼센트 중에 10퍼센트만 본 것에 불과하다. 사람의 나머지 90퍼센트는 빙산의 밑받침처럼 헤아릴 수도 잴 수도 없는 심연 속에 존재한다. 그러니 10퍼센트의 초라함 때문에 90퍼센트의 가능성을 죽여서는 안 된다.

이 진리에 대해 파스칼(Blaise Pascal)은 "인간은 인간을 초월한다"(L'homme passe infiniment l'homme)라고 말했다.

인간은 하나님의 형상대로 지음을 받은 존재이기에 인간 이상의 존재, 인간을 넘어서는 존재다. 실패한 경험, 좌절했던 일들, 초라한 환경 등이 우리의 전부가 아니다. 우리의 지극히 작은 일부일 뿐이다. 우리는 우리 이상의 존재이기에 우리 이상으로 가능성이 있다. 그래서 어거스틴은 무엇보다도 우리 자신에 대해서 놀라자고 한다.

"사람들은 밖으로 나가서 높은 산, 바다의 큰 파도, 넓고 긴 강의 흐름, 끝없이 넓은 대양, 별의 운행 등을 바라보고 놀라움을 금치 못합니다만 자기 자신들에 대해서는 놀라지 않습니다."[5]

우리는 해석의 그릇에 담기에 너무나 큰, 그리고 충분히 옳고 아름다운 하나님의 걸작품 시다.
그러니 기죽지 말자.
하나님이 주신 나의 시를 쓰며 살자.
영혼을 구원으로 이끄는 하늘의 시인으로 살자.

한재욱 | **아름다움**

나로서 살아가는 것이
하나님께 영광이다

나다움

너다움

그다움이

인간다움

아름다움

부족한 종의 아포리즘 '아름다움'이다.

영성학자 토머스 머튼(Thomas Merton)은 "나무는 나무가 됨으로써 하나님께 영광을 드린다"라고 말했다. 마찬가지다. 사람은 나로서 살아갈 때 하나님께 영광이다. 사자는 사자후(獅子吼)를 발해야 하고, 물고기는 헤엄쳐야 하고, 독수리는 창공을 날아야 존재의 자격이 있다. 나는 나로서 살아갈 때 존재의 빛남이 있다.

하나님이 천지를 창조하신 후에 "보시기에 좋았더라!"라고 말씀하셨다.

> 하나님이 지으신 그 모든 것을 보시니 보시기에 심히 좋았더라
> ＿＿ 창 1:31

하나님은 모든 만물, 그리고 한 사람 한 사람을 걸작품으로 창조하셨다. 우리는 온 우주와도 바꿀 수 없는 존귀한 자들이다. 그리고 각 사람에게 하나님의 영광을 위한 사명을 주셨다. 그리하여 우리는 모두 하나님 보시기에 "좋고", "우수하고", "아름답고", "옳다!"

만물이 다 그러하다. 하늘이 땅이 될 수 없고 땅이 하늘이 될 수 없다. 태양이 달이 될 수 없고 달이 낮을 주관할 수 없다. 모두 다 높낮이가 없는 자신의 역할이 있고 자신의 아름다움이 있다. 흙은 부드러워서 좋은 것이고 돌은 딱딱하기에 나쁜 것이라고 말할 수 없다. 장미꽃이 할미꽃보다 더 고매하다든가, 호랑이의 삶이 두더지의 삶보다 더 늠름하고 보람 있다고 말할 수도 없다.

말이 달팽이를 보고 너는 왜 그리 느리냐고 말한다면, 가로수가 전봇대를 보고 너는 왜 꽃을 피우지 않느냐고 말한다면, 코

끼리가 돼지를 보고 코도 없는 놈이라고 비아냥거린다면, 하나님의 창조를 모독하는 것이다.

이른바 '토끼와 거북이' 경주에서 이긴 거북이는 하나님께 혼이 났다.

"거북아, 왜 땅에서 토끼와 경주를 했니? 토끼가 부러웠니?"

"땅은 네 그라운드가 아니잖아. 바다에서 너는 누구보다도 우아하게 헤엄칠 수 있잖니. 너는 토끼가 아닌 거북이로 있을 때 가장 멋지단다."

그리고 하나님은 한 말씀 더 하셨다.

"땅에서 토끼보다도 빠르게 뛰는 거북이를 보면, 사람들이 말 세라고 하면서 총으로 쏠지도 모른단다."

수박이 부럽다며 호박이 제 몸에 줄을 그을 필요가 없다. 달 또한 태양이 부럽다고 제 몸을 불덩이로 만들 필요가 없다. 호박은 호박일 때, 달은 달일 때 가장 아름답다. 나다움이 아름다움이고, 너다움 그다움이 아름다움이다.

하나님을 영화롭게 하는 것은 멋져 보이는 '그'의 사명을 흉내 낼 때가 아니라 '나'에게 주신 사명을 다할 때다. 하나님을 영화롭게 하는 삶은 복사본이나 모조본(模造本)이 아니라 원본으로 사는 삶이다.

우리가 가장 본받아야 하는 예수님의 아름다움이 바로 이 고백에 들어 있다.

> 아버지께서 내게 하라고 주신 일을 내가 이루어 아버지를 이 세상에서 영화롭게 하였사오니 ____ 요 17:4

"내게 하라고 주신 일을 내가 이루었습니다!"

삶을 결산하는 날, 예수님의 이 고백을 할 때 가장 영광스러운 삶을 산 것이다.

비교하지 않고 나답게 살기

어느 랍비가 죽어서 하나님 앞에 갔다. 랍비는 하나님께 죄송하다면서 이런 말을 하였다.

"하나님, 저는 민족의 해방자 모세처럼 살지도 못했고, 예언자 엘리야처럼 살지도 못했습니다. 용서하시기 바랍니다."

그러자 하나님이 이렇게 말씀하셨다.

"너는 모세처럼 살지 못하고 엘리야처럼 살지 못한 것이 잘못이 아니라, 너 자신을 살지 못한 것이 잘못이다."

그렇다. 우리 모두 자신의 아름다움이 있고, 자신의 길이 있다. 그 아름다움에 감사하고 자신의 길을 걸어갈 때 하나님께 영광을 돌리는 삶을 사는 것이다. 자신의 삶을 살지 않고 끝없이 비교하며 산다면 최고의 비극이다.

'미움받을 용기'보다 더 중요한 것은 '비교하지 않는 용기'다. 다른 사람과 나를 비교하는 것은 하늘과 땅 중에 뭐가 더 중요하냐고 묻는 것과 같다. 비교할 수 없는 것을 비교하려 할 때 불행은 시작된다. 우리 곁에는 누군가와 비교해서는 안 되는 것들이 있다. 내 어머니, 내 아버지, 내 남편, 내 아내, 내 아이, 그리고 나다. 또한 주님이 내게 주신 사명이다. 남과 비교하면 나다움으로 빛나는 아름다움이 사라진다.

피아노와 멜로디언을 비교하는 순간, 궁전과 오두막을 비교하는 순간, 드레스와 티셔츠를 비교하는 순간, 한쪽은 의미를 잃고 슬퍼진다. 멜로디언에는 멜로디언만의 아련한 음색이, 오두막에는 오두막만이 줄 수 있는 추억이, 티셔츠에는 티셔츠가 지닌 자유로움의 멋이 있다.

달팽이는 자신의 보폭으로 노아의 방주에 들어갔다. 만약 달팽이가 참새와 자신을 비교했다면, 좌절하면서 방주에 들어가지 못했을 것이다. 지붕 위의 둥근 박이 늘 보름달을 부러워하고 또 보름달은 태양을 부러워하여 불평한다면 가장 불행한 삶이다. 박은 목마른 사람에 물을 떠 주는 바가지가 될 때, 보름달은 어둔 밤을 은근히 비추며 사람들에게 시심(詩心)과 정감을 줄 때 가장 행복하다.

잘 보자. 나무는 자신의 가지 위에 앉아 노래하는 새들을 시기하지 않고, 여름에 피는 꽃은 봄에 피는 꽃을 질투하지 않고, 오로지 자기다움으로 하나님의 영광을 드러낸다. 꽃과 나무들도 이러할진대 꽃보다 더 귀한 우리는 자신의 모습으로 더 맑게 웃을 수 있다.

'자기(自己)의 존재 이유(理由)'를 줄이면 '자유(自由)'가 된다. 비교하지 않고 나답게! 자신의 존재 이유로 살아갈 때, 가장 자유롭고 행복한 삶이 된다. 내 수염을 그리려는 화가에게 야성적인 내 수염을 그대로 보여주는 것이 멋스러운 삶이다.

> 내가 주께 감사하옴은 나를 지으심이 심히 기묘하심이라 주께서 하시는 일이 기이함을 내 영혼이 잘 아나이다 ____ 시 139:14

파트리크 쥐스킨트 | 깊이에의 강요

그대의 기준으로
내게 깊이를 강요하지 말라

소묘를 잘 그리는 주인공 여류 화가가 심혈을 기울여 전시회를 열었다. 한 평론가가 작품을 돌아보더니 이렇게 평했다.

"당신 작품은 재능이 있고 마음에 와 닿습니다. 그러나 당신에게는 아직 깊이가 부족합니다."[6]

평론가의 그 말이 다음 날 신문에 실렸다. 그런데 앞뒤의 말은 무시되고 "깊이가 부족하다"라는 말이 사람들 사이에 퍼져갔다. 화가 또한 그 말이 늘 마음에 걸렸다. 그녀는 저녁 초대를 받은 곳에서, 그녀가 깊이가 없다며 수군대는 말을 듣는다. 화가는 '왜 나는 깊이가 없을까?' 고민하며 온몸이 떨려 붓을 잡을 수가 없었다.

이때부터 화가는 다른 작가의 전시도 보고, 작품 연구도 하고, 서점에 가서 가장 깊이가 있다고 소개를 받은 철학자 비트겐슈타인의 책도 읽었다. 그러나 소용이 없었다. 화가는 점점 외출도 하지 않고 방문도 받지 않았다. 운동 부족으로 몸은 비대해졌으며, 술과 약물에 빠져들어 빠르게 늙어갔다. 집안 여기저기 곰팡이가 슬기 시작했고, 그녀에게서는 시큼한 냄새가 났다. 결국 그녀는 비평가가 말한 '깊이'가 무엇인지 밝히지도 못한 채, 자신의 그림을 전부 찢어버리고, 방송탑에서 뛰어내려 자살한다.

그 소식을 들은 대중잡지들은 한때 전도양양했고 미모도 뛰어났던 화가의 자살 소식에 파리떼처럼 달려들었다. 화가의 방에 놓여 있던 빈 병들, 여기저기 파괴의 흔적들, 찢어진 그림들, 심지어는 방구석에 있는 배설물까지 보도했다. 톱기사도 모자라 3면까지 기사를 계속했다.

화가를 평론했던 그 평론가는 "충격적인 사건"이라며 알 듯 모를 듯 교묘한 언어의 마술을 부리며 그녀의 죽음을 평했다.

"소박하게 보이는 그녀의 초기 작품들에서 이미 충격적인 분열이 나타나고 있지 않은가? … 분명 헛될 수밖에 없는 자기 자신에 대한 피조물의 반항을 읽을 수 있지 않은가? 숙명적인, 아니 무자비하다고 말하고 싶은 그 깊이에의 강요를?"[7]

이게 대체 무슨 말인가?

관계된 모두가 안타깝다. 가벼움이 가벼움을 꾸짖고 있는 평론가도 안타깝고, 피해자에 대해 공감 없이 단지 인기 있어 보이는 기사를 대서특필하는 언론도 안타깝고, 무엇보다도 주인공 화가가 안타깝다.

화가는 평론가에게 "도대체 당신이 말하는 '깊이'가 무엇입니까?"라고 물을 수도 있었을 것이다. 그런데 권위적 위치에 있는 평론가에게 풋내기 화가가 그런 것을 묻는다는 것이 현실적으로는 불가능하다. 혹은 그저 가볍게 '이런 평가도 있구나!' 하며 물수제비를 뜨듯이 쿨하게 무시할 수도 있었을 것이다. 그러나 가슴에 못처럼 박힌 비평가의 말은 좀처럼 뽑아내기가 쉽지 않았고, 뽑으려 할수록 더 깊이 박혀갔다.

묻고 싶다. 깊이란 무엇일까? 깊이 있음과 없음의 객관적이고 보편 타당성이 있는 기준은 무엇일까? 그걸 누가 명쾌하게 답변할 수 있을까?

바른 기준이 세상의 강요를 이긴다

오랫동안 예술가들은 작품의 깊이를 요구받았고, 또 깊이를 평가의 잣대로 삼았다. 그런데 우리가 사는 세상에서는 '깊이에의 강요' 뿐만 아니라, '성공에의 강요', '아름다움에의 강요' 등 수많은 강요가 우리를 짓누르고 있다.

이런 강요에서 헤어 나올 수 있는 길은 어디 있을까?

해답은 '기준'에 있다. 올바른 기준을 세우면 깊이에의 강요를 이길 수 있다.

인생과 신앙은 '기준의 싸움'이다.

이런 유머가 있다. 어떤 사람이 개와 달리기를 해서 졌다. 옆에 있는 사람이 말했다.

"개만도 못한 분"

열심히 노력해서 속도를 높여 개와 같이 들어왔다. 옆에 있는 사람이 말했다.

"개 같은 분"

더 노력해서 개보다 더 빨리 들어왔다. 옆에 있는 사람이 말했다.

"개보다 더한 분!"

물론 극단적인 유머다. 개와 나를 비교하는 사람은 없을 것이다. 다만 '개'가 기준이 되면 '개보다 더한 분', '개만도 못한 분'이 된다는 것이다.

'다른 사람'과 나를 비교해도 마찬가지다. 인생과 신앙의 기준이 멋져 보이는 '어떤 사람'이라면 그 사람과 나를 평생토록 비교하며 불행할 것이다.

그렇다면 '자기 생각'이 기준이 되는 사람은 행복할까? 그렇지 않다.

"나는 이만하면 잘 살았다"라고 스스로 결산하는 사람이 있다. 나름대로 선한 일도 하고, 좋은 곳도 가보고, 좋은 것도 먹어보고, 하고 싶은 것 다 해보고, 음악에도 미술에도 느낌이 있었으며···.

이 사람이 죽기 직전에 이런 말을 했다고 하자.

"나는 이만하면 잘 살았다!"

과연 그는 그의 말대로 잘 산 것일까? 물론 자기 스스로 만족하고 살았다는 것은 좋은 일이다. 그러나 그렇다고 해서 하나님께서도 인생 결산의 날에 그 사람을 가리켜 잘 산 인생이라고 말하겠는가?

이에 대해 바울 사도의 고백을 들어보자.

> 나도 나를 판단하지 아니하노니 ──── 고전 4:3

이것은 자기 인생에 대한 판단을 유보하겠다는 선언이 아니다. 판단은 필요한데 나의 관점에서만 본 나에 대한 판단은 적합하지 않다는 말이다. 우리는 우리 인생에 대하여 스스로 결산할 수 있는 자격이 없다.

하나님은 바울 사도를 통해 계속해서 이런 말씀을 하신다.

> 내가 자책할 아무것도 깨닫지 못하나 이로 말미암아 의롭다 함을 얻지 못하노라 ──── 고전 4:4

내 삶 가운데 구체적으로 자책할 어떤 것을 내가 깨닫지 못하고 있지만 그렇다고 내가 의롭다고 판단할 수 있는 근거는 없다. 내가 아무리 정의롭다고 스스로 주장해도 그것으로 내가 의롭다는 마지막 판단을 받을 수는 없다. 바울은 자기의 주관적 판단의 오류성을 충분히 인식하고 있었던 것이다.

삶과 신앙의 기준은 하나님의 말씀이다

> 사람의 행위가 자기 보기에는 모두 깨끗하여도 여호와는 심령을 감찰하시느니라 ──── 잠 16:2

그렇다. 자기가 보기에는 다 깨끗해 보여도 그렇지 않은 것이다. 그렇다면 누가 우리의 인생을 가장 정확무오하게 결산할 수 있을까? 바로 우리를 지으시고 우리를 이 땅에 보내신 하나님이다. 하나님이 기준인 인생. 성경은 그것을 신앙이라고 말한다.

잘못된 기준을 세워 놓으면 아무리 노력해서 승리한다고 해도 의미 없는 싸움이 된다. 우리 삶의 기준, 신앙의 기준, 깊이의 기준은 하나님이 되어야 한다. 구체적으로 '하나님이 내게 주신 사명의 말씀'이 기준이 되어야 한다.

누군가가 짜장면에게 "너는 왜 짬뽕에게 있는 얼큰한 국물이 없니? 국물의 '깊이'가 너에게는 없어!"라고 말한다면 "나는 짜장면이니까!"라고 답하면 된다. 짜장면은 국물이 없다. 국물의 맛 대신에 짜장면 맛을 내면 된다. 그리고 짜장면의 맛은 최고다. 다시 말한다. 짜장면은 짬뽕의 '깊이' 있는 국물 맛이 없다. 짜장면이기 때문이다. 짜장면의 '깊이'는 '짜장'에 있다.

주님 안에서 나를 발견하고, 주께서 내게 줄로 재어주신 구역, 즉 사명을 발견하고 그 사명에 집중할 때 깊이에의 강요를 이길 수 있다.

> 내게 줄로 재어준 구역은 아름다운 곳에 있음이여 나의 기업이 실로 아름답도다 ____ 시 16:6

카프카 | 변신

네 존재 자체를
사랑한단다

"어느 날 아침 그레고르 잠자가 불안한 꿈에서 깨어났을 때 그는 침대 속에서 한 마리의 흉측한 갑충으로 변해 있는 자신의 모습을 발견했다."[8]

세계 문학사에 길이 남아 있는 천둥 같은 첫 문장이다.
아침에 일어나 보니 내가 흉측스러운 벌레가 되어있다니!
도망쳐야 하나 버텨야 하나.

파산한 아버지를 대신해서 가족을 위해 판매원으로 고달픈 생활을 해오던 그레고르 잠자. 그는 어느 날 아침 꿈에서 깨어났을 때 자신이 흉측한 벌레로 변해 있는 것을 발견한다. 벌레로 변신한 그를 보고 부모와 여동생, 지배인은 모두 놀라고, 아버지는 그를 방에 감금한다.

갈수록 소통이 단절되어 갔다. 겨우 누이동생 그레테만이 음식을 주고 청소를 하기 위해 가끔 올 뿐이다.

그레고르는 그간 아버지의 빚을 갚고, 가족의 생계를 위해 하루도 빠지지 않고 열심히 일해 왔다. 그러나 이제는 쓸모없는 벌레일 뿐이다.

그는 자신이 돈을 벌지 못하기에 가족이 어떻게 살까 걱정했다. 그러나 그것은 기우(杞憂)였다. 가족들은 그레고르 몰래 모아 두었던 돈을 꺼내 쓰고, 아버지는 은행의 수위로, 어머니는 잡화상의 바느질 일로, 여동생은 상점의 판매원으로 식구들 모두 각자 직업도 가지면서 지낸다. 나 없이도 모두 잘사는 것이다. 이제 누이동생조차 그를 돌보지 않아 그레고르는 잘 먹지도 못하고 더러운 방에서 쓰레기와 함께 생활한다.

집은 하숙을 하고 있었다. 어느 날이었다. 누이동생이 저녁 식사 후 하숙인들을 위해 바이올린을 연주하고 있을 때, 음악에 이끌린 그레고르는 거실로 기어들어 간다. 인간 그레고르의 마지막 자존심 같은 모습이었다.

그러자 하숙인들이 벌레인 그레고르를 보고 기겁을 한다. 누이동생은 이제 더 이상 벌레와 살 수 없다면서, 없애버려야 한다고 소리친다. 낙심한 그레고르는 힘없이 방으로 들어가고, 자신을 가두는 자물쇠 소리를 듣는다.

그레고르는 버려졌다는 슬픔과 고통으로 시름시름 앓다가 곧 죽어 뻣뻣한 모습으로 발견된다. 그러자 아버지는 "자아, 이제 이로써 하나님께 감사드리자"라고 한다. 파출부 할멈은 벌레를 치운다. 가족들은 아주 약간 슬픈 듯 그러나 아무 일도 없었다는 듯이, 아니 한결 가벼워진 마음으로 산책을 간다….

《변신》은 현대의 물질문명 속에서 존재의 의의를 잃고 살아가는, 소외된 인간의 모습을 처절하게 보여준다. 쓸모가 있을 때만 상대방에게 의미 있는 존재가 된다는 슬픈 현실. 가장 평안한 안식처라고 생각하는 가족에게서조차 소외가 얼마든지 일어날 수 있음을 보여준다.

너무 지나친 비약인가.

필요가치가 소멸되면 언제든지 존재 자체가 무용지물 되는 현실 속에서 우리는 누구나 쓸모없는 벌레가 될 수 있다는 불안과 슬픔 속에서 살아간다.

어느 시인은 '기대'보다 '그대'라고 한다. 그가 나에게 주는 것보다 그의 존재 그 자체가 더 중요하다면서, 기대 때문에 그대를 잃지 않기 위해, 기대 높이가 자라는 쪽으로 커다란 돌덩이를 매달아 놓겠다고 한다. 이런 말을 하는 그는 참 고마운 시인이다. '그대'는 뒷방에 가두고 '기대'만 많이 해서 우리의 슬픔이 시작되는데 말이다.

내가 보는 것은 그 사람인가 내 환상인가

미술 전람회 아트 페어에 가면 자주 보는 여배우의 그림이 있다. 마릴린 먼로다. 가끔씩 오드리 헵번도 나오지만 마릴린 먼로가 압도적이다. 특히 팝 아티스트 앤디 워홀이 제작한 마릴린 먼로 시리즈가 유명하다. 청록색이나 금빛 등 다색조로 다양한 '마릴린 먼로'는 앤디 워홀의 대표작이기도 하고 많은 애호가들의 찬사를 받는 작품이다.

지하철 통풍구 위에서 바람에 날리는 하얀 드레스를 잡고 서 있는 마릴린 먼로의 사진은 헐리웃의 상징이기도 하다. 마릴린 먼로는 지금까지도 미술뿐 아니라 사회, 철학, 심리 분야에서도 등장한다. 그녀를 향해서 할 이야기가 많은가 보다.

그런데 마릴린 먼로의 미완의 자서전 《다릴린 먼로, My Story》에는 이런 고백이 나온다.

"남자들은 가끔 내가 누구고 어떤 사람인지 알아보려고 하지도 않았다. 그러고는 나 대신 어떤 인물을 만들어냈다. 나는 그들과 말싸움하고 싶지 않았다. 그들은 분명 내가 아닌 누군가를 사랑하고 있었다. 사실을 알게 된 그들은 환상이 깨진 것을 내 탓으로 돌렸다. 내가 속였다고 하는 것이었다."[9]

사람들은 '마릴린 먼로'를 보는 게 아니라 그녀를 통해 자신들의 욕망을 보았다. 그녀를 사랑한다고 하지만 그녀를 보며 그녀가 아닌 자신 속의 환상을 사랑하였다. 그러고는 자기들의 환상이 깨지면 마릴린 먼로의 탓으로 돌리며 그녀가 자기들을 속였다고 했다는 것이다.

마릴린 먼로는 아서 밀러, 케네디 등 수많은 사람과 만났지만 "단 한 번도 행복해 본 적이 없었다"라는 말을 자주 했다. 그녀가 자살을 택한 이유 중 하나일 것이다.

'사람'을 사랑하지 않고 '사랑'을 사랑하는 사람이 있다. '진달래'를 좋아하지 않고 '진달래 시'를 좋아하는 사람이 있다.

나를 이 모습 이대로 보아주는 사람을 만나면 그리도 좋을 수가 없다. 아니, 더 나아가 나를 존귀한 자로 봐주는 사람이 있다면 한없이 날아오를 것이다.

내 존재 자체를 기뻐하시는 진실한 사랑

미국 LA 올림픽 때의 일이다. 열악한 신체 조건에서도 중국의 한 다이빙 선수가 금메달을 땄다. 기자가 금메달의 비결을 묻자 그 중국 선수는 아주 향기로운 대답을 했다.

"비결은 어머니 때문입니다. 제가 어렸을 땐 달리기 선수였습니다. 그런데 자주 넘어졌고, 입상권에 들지도 못하는 경우가 많았습니다. 그때마다 어머니는 이렇게 말했답니다.

'사랑하는 딸아, 나에게는 네가 일등 하는 것은 문제가 아니야. 나는 네 모습이 그저 좋고 기쁘단다.'

그리고 제가 다이빙을 했을 때도 실수가 많았습니다. 그때마다 어머니는 똑같은 말씀을 하셨습니다.

'일등은 문제가 아니야. 나는 네가 운동하는 그 모습, 아니 그저 너를 보는 것이 내 기쁨이고 엄마의 행복이란다.'

저는 다이빙의 스탠드에 설 때마다 어머니를 떠올립니다. 그러면 참 편안하고 침착한 모습으로 경기에 임할 수 있었습니다. 이것이 제가 금메달을 딸 수 있었던 비결입니다."

참 아름다운 고백이다. 하나님은 더욱 그러하실 것이다. 우리가 인생 속에서 수없이 넘어질 때, 심지어는 쓸모없는 벌레같이 되었을 때도 우리 하나님은 이렇게 말씀하신다.

"힘내거라. 나는 너의 성공과 실패가 아닌, 네가 존재하는 그 자체가 기쁨이란다. 너는 내게 소중한 기쁨이야."

그렇다. 하나님은 내 존재 자체를 사랑하신다고 말씀하신다.

> 너의 하나님 여호와가 너의 가운데에 계시니 그는 구원을 베푸실 전능자이시라 그가 너로 말미암아 기쁨을 이기지 못하시며 너를 잠잠히 사랑하시며 너로 말미암아 즐거이 부르며 기뻐하시리라 하리라
> ____ 습 3:17

"너로 말미암아, 나로 말미암아 기쁨을 이기지 못하시는 하나님!"

내 존재만으로도 기뻐하시는 주님의 사랑이 있기에, 우리는 벌레가 될 수 없다. 설령 사람들이 벌레처럼 취급하여도, 이 깊은 하나님의 사랑 때문에 일어설 수 있다.

벌레 같은 나를 구원해주신 주님.
벌레가 변신하여, 나비처럼 새처럼 푸른 하늘을 날게 해주신 주님.
감사합니다.

야곱아 너를 창조하신 여호와께서 지금 말씀하시느니라 이스라엘아 너를 지으신 이가 말씀하시느니라 너는 두려워하지 말라 내가 너를 구속하였고 내가 너를 지명하여 불렀나니 너는 내 것이라
―――― 사 43:1

윤희상 | **소를 웃긴 꽃**

소를 웃긴 꽃을 보았으니
꽃을 웃긴 소를 보자

나주 들판에서
정말 소가 웃더라니까
꽃이 소를 웃긴 것이지
풀을 뜯는
소의 발 밑에서
마침 꽃이 핀 거야
소는 간지러웠던 것이지
그것만이 아니라,
피는 꽃이 소를 살짝 들어 올린 거야
그래서,
소가 꽃 위에 잠깐 뜬 셈이지

하마터면, 소가 중심을 잃고
쓰러질 뻔한 것이지[10]

참 상쾌하고 엉뚱한 시다.

들판에서 소가 풀을 뜯고 있다. 그 소의 발밑에 여린 풀이 꽃을 피우고 있다. 그런데 이게 웬일인가. 가녀린 풀꽃이 육중한 소를 살짝 들어 올린다. 이러는 통에 소는 비틀한다. 기우뚱하며 쓰러질 뻔한 소는 겨우 중심을 잡는다. 시인은 막 피어나는 꽃이 소를 웃기고, 간질이고, 살짝 들어 올리고, 하마터면 소가 중심을 잃고 쓰러질 뻔했다고 능청스럽게 말한다. 정말 소가 웃을 일이다.

천하장사 소를 웃기고 들어 올리기까지 했다니, 꽃의 존재감이 대단하다. 하긴 이상한 일도 아니다. 한 송이 꽃은 그 자체가 우주이고 하나님의 완벽한 생명체이기 때문이다. 그러니 꽃 또한 소만큼 존재의 무게를 지니고 있다. 하나님의 나라에서는, 건장하고 무거운 소나 연약하고 자잘한 꽃 모두 가치가 동등하다. 그래서 하나님의 나라가 좋다.

꽃을 밟지 않으려는 소에게도 박수를 보내야겠다. 어찌 꽃의 힘만으로 육중한 소를 들어 올렸겠는가. 풀 때문에 간지러움을 느낀 소는 꽃을 살리기 위해 어설픈 공중부양을 했다. 그 큰 덩치가 기우뚱하며 "괜찮니?" 하는 모습을 상상해보자. 이 싱그러운 공생을 보자.

배려와 존중이 가득한, 착한 것들이 착하게 어우러진, 이런 들판이 많으면 좋겠다. 이 착한 주님의 동산에서 풀도 소도 어울렁더울렁 서로 공생하고 있다. 풀은 소의 피가 되고 살이 되고 뼈가 된다. 소의 저 단단한 다리도 풀을 먹고 된 것이다. 풀이 없다면 저 큰 소도 맥없이 쓰러질 것이다. 소들도 큰 역할을 한다. 소들은 꽃 풀을 뜯어 먹고 꽃 배설을 하며 꽃들에게 거름을 주고 씨앗을 자라게 하는 것이다. 소들의 배설물이 꽃들을 살리고 있다.

많이 받은 것은 많이 나누라는 주님의 뜻

신술래 작가의 《만물은 서로 이렇게 사랑하고 있다》에는 어울려 사는 만물들의 이야기가 나온다. 그중에 하마 이야기를 보자.

"거대한 몸집의 하마가 물속을 첨벙첨벙 걸으며 바닥을 헤집으면 하마의 몸을 씻어주던 물고기들의 먹이가 노출됩니다. 청소부 물고기들이 그걸 잡아먹지요. 하마가 지상으로 올라오면 황새가 그 등에 타고 앉아 하마가 헤집어 놓은 풀밭에서 달팽이를 찾아 먹습니다."[11]

하마는 혼자가 아니다. 몸길이 4미터, 어깨 높이 1.5미터, 몸

무게 3톤인 하마의 주변에는 많은 생물이 군집해 있다. 하마의 전속 청소부인 어류가 20여 마리나 된다. 하마가 물속으로 들어가도 나와도 그 큰 덩치의 파동으로 인해 주변의 미물(微物)들이 먹고 산다. 심지어는 배설물도 역할을 한다.

> "하마는 몸집이 큰 만큼 배설물도 많습니다. 그 배설물에 여러 가지 식물, 세균, 곤충류의 유충과 갑각류들이 붙어삽니다. 이 생물들은 또한 여러 종류의 물고기의 좋은 먹이가 되니, 하마가 가는 곳마다 항상 많은 생물들이 살게 마련이지요."[12]

하나님께 하마같이 건강, 재능, 물질 등을 많이 받은 사람이 있다. 많이 받았다면 그것은 이웃과 많이 나누며 더불어 살라는 주님의 뜻이다. 이 세상에서 가장 '나쁜' 사람은 '나 뿐인' 사람이다. 나만 잘 먹으려 하면 안 된다. 남을 윤택하게 하면 나도 윤택해진다.

남을 윤택하게 하는 자는 자기도 윤택하여지리라 ——— 잠 11:25

비단 하마같이 많은 것을 가진 존재만 그 역할을 다하는 것이 아니다. 미약해 보이는 '그늘' 같은 존재도 충분한 역할을 한다.

"너도나도 햇볕을 향해 뻗어 가지만 이끼는 그늘이 좋습니다. 무성한 그늘 속에서 이끼는 하루하루 예뻐집니다. 그늘은 그늘대로 자기 품을 파고드는 이끼가 귀엽기만 합니다. - 이끼를 살리는 그늘! 그늘도 해냈습니다."[13]

하나님이 지으신 모든 존재는 양지(陽地)만 이유가 있는 것이 아니라 그늘도 이유가 있다. 해와 달도 비와 별도 이유가 있듯이, 그늘도 이끼를 길러내며 한 몫을 다했다.

세상에는 우뚝 선 나무보다 덤불과 풀이 더 많다. 선장보다는 선원이 더 많고, 고속도로보다는 오솔길이 더 많다. 큰 사람보다 작은 사람이 더 많다. 하마같이 크지 않다고 실망할 것 없다. 그늘도 이끼를 길러내고 작고 진실한 위로와 쉼을 준다. 그늘 또한 하마 같은 존재의 이유가 충분히 있는 것이다.

소와 꽃 그리고 하마와 이끼! 이렇듯 조화롭게 공생하는 주님의 꽃동산이 아름답다. 시편 104편을 보면 주님이 지으신 조화로운 자연을 이렇게 노래하고 있다.

> 여호와께서 샘을 골짜기에서 솟아나게 하시고 산 사이에 흐르게 하사 각종 들짐승에게 마시게 하시니 들나귀들도 해갈하며 공중의 새들도 그 가에서 깃들이며 나뭇가지 사이에서 지저귀는도다
> _____ 시 104:10-12

하나님의 동산은 이렇듯 함께 어울려 사는 동산이다.

소를 웃긴 꽃! 이 시를 읽으며 마음속에 그림을 하나 그려보자. 예쁜 꽃송이를 밟을 뻔한 소가 아이쿠! 하고 놀라서 다리 하나를 번쩍 들어 올리고, 그 모습이 우스워 아직 피어나지 않은 꽃봉오리들이 한꺼번에 까르르 피어나는 그림.

오늘은 '소를 웃긴 꽃'을 보았으니,
내일은 '꽃을 웃긴 소'를 보아야겠다.

박성민 | 왕새우 소금구이

믿음으로
뻥을 치자

왕이시여, 피하소서, 당나라군이 성 안에….

놓아라, 이놈들아. 짐을 어디로 데려가느냐.
내 친히 갑옷 입고 눈알 부라리며 출정하면
드넓은 바다가 모두 왕국의 영토였느니,
쏘가리의 충언을 물리친 탓이로다.
고얀 놈들 감히 용포 위에 소금을 뿌리다니.
불판에 놓일지라도 난 눌러 붙지 않을 테다.
死공명이 生중달을 쫓듯 끝끝내 네놈들을.

들어라! 너희 왕은 자결했다, 살고 싶거든 드러누워라.[14]

박성민 시인의 시 〈왕새우 소금구이〉다.

시를 읽으면 웃음이 절로 난다. 당나라군이 성안에까지 쳐들어왔는데, 왕새우는 드넓은 바다가 모두 영토였던 시절을 회상하며 허세를 부린다.

왕새우는 불판에 놓여 죽어가면서도 "용포 위에 소금을 뿌리다니" 하면서 호통을 친다. 그리곤 "난 눌러 붙지는 않을 테다" 하고 기개를 보인다. 곧이어 허세의 하이라이트가 나온다. 삼국지의 '사공명능 주생중달'(死孔明能 走生仲達)을 인용하며 "죽은 공명이 산 중달을 쫓듯 끝끝내 네놈들을!" 하고 외친다.

"쏘가리의 충언"을 새겨듣지 않아 망하게 되었다면서, 끝내 장엄한 자결을 택한 왕새우. 아무튼 파닥이다 붉게 소금에 구워지는 소금구이를 당하면서도 기개를 잃지 않았던 왕새우의 뻥에 박수를 치고 싶다.

동양의 고서(古書) 《장자》(莊子)만큼 기발한 상상력과 자유분방한 과장과 해학이 많이 나오는 철학서도 없을 것이다. 《장자》의 책 첫머리에 보면, 붕(鵬)이라는 새가 나온다. 크기가 수천 리가 되고, 한번 날아오르면 하늘을 덮으며, 남쪽의 깊은 바다 '천지'(天池)로 간다고 한다. 중국의 무협지같이 뻥이 이토록 심한데도 이런 뻥을 들으면 왠지 통쾌하다.

다른 시선을 지녔던 믿음의 뻥쟁이들

성경의 인물들은 사실상 뻥쟁이들이 많다. 쥐뿔도 없이 그냥 허풍을 떠는 것이 아니라, 믿음의 뻥쟁이들이다. 그 대표적인 사람이 여호수아와 갈렙이다.

가나안을 눈앞에 두고 이스라엘 백성은 열두 명의 정탐꾼을 보냈다. 열 명의 정탐꾼들은 가나안 땅의 척박함과 막강한 가나안 족속을 보고 부정적인 독설을 쏟아냈다. 이들이 본 것은 사실이었고, 이성적이고 합리적인 말이었다. 가나안 족속들은 오합지졸 같은 이스라엘 민족에게는 너무나 버거운 상대였다. 부정적인 이야기를 들은 이스라엘 백성은 그야말로 멘붕에 빠졌다. 악한 말들이 쏟아져 나왔다.

이때 여호수아와 갈렙이 이렇게 외친다.

> 그 땅 백성을 두려워하지 말라 그들은 우리의 먹이라 그들의 보호자는 그들에게서 떠났고 여호와는 우리와 함께하시느니라 그들을 두려워하지 말라 ──── 민 14:9

"그들은 우리들의 먹이다!"

여호수아와 갈렙은 다른 정탐꾼들이 보지 못했던 하나님의 시선을 가지고 있었다. 그리하여 비록 가나안 족속들이 장대할지라도 우리들의 '먹이'라면서 우렁찬 믿음의 고백을 했던 것이다. 여호수아와 갈렙의 배짱 있는 외침은 이스라엘 백성들에게 힘과 용기를 주었다. 이것이 믿음의 뼁이다.

세상을 바꾸는 발상의 전환

'엽기 노벨상'이라고 불리는 '이그노벨상'(Ig Nobel Prize)이라는 것이 있다. 이그노벨상은 '품위가 없다'라는 뜻의 '이그노블'(Ignoble)과 '노벨상'(Nobel Prize)의 합성어다.

이그노벨상은 노벨상의 여섯 부문, 즉 물리학·화학·의학·문학·평화·경제학에 생물학상이 추가된 7개 부문을 수상하며, 그때그때 필요한 부문을 추가로 수상한다. 연구의 내용만큼이나 수상자들의 기이한 시상식 퍼포먼스로 인해 '엽기 노벨상'으로도 불린다. 상식에 반하는 엉뚱한 연구를 했거나 발상의 전환을 돕는 이색적인 연구 업적을 남겼을 때 생각의 지평을 넓혀준 공로로 이 상을 준다.

아무튼 이 상의 선정 기준이 흥미롭다. 초기에는 '이루어질 수도 없고 이루어져서도 안 될' 연구였지만, 요즘은 첫째, 웃음을 터뜨릴 수 있어야 하고 둘째, 한바탕 웃고 끝나는 것이 아니라 웃음이 호기심으로, 그 호기심이 생각으로 이어져야 한다는 것이다.

예를 들면 이렇다. 사방에 널린 동물 똥으로 음식을 만들 수는 없을까? 단체사진을 찍을 때 눈 감은 사람이 한 명도 없게 하려면 몇 장을 찍어야 할까? 나무를 수없이 쪼아대는 딱따구리가 두통을 앓지 않는 비결, 비둘기에게 파블로 피카소와 클로드 모네의 차이를 훈련시켜 둘의 그림을 구별하는 법, 비행기 납치범을 낙하산에 묶어 경찰에게 내려보내는 방법….

이그노벨상 수상자들을 보면 모두 상식적으로 받아들일 수 없는 발상들을 한다. 일상과 상식을 마구 흔든다. 이는 사고의 유연성을 확장하는 유쾌함을 가져다준다. 비록 엉뚱해도 이 연구들은 어디까지나 과학에 속하고, 심지어 이그노벨상 수상자 중에 정말로 노벨상 수상자가 나오는 일도 있다.

세상을 바꾸고 생각을 움직인 위대한 사상들은 모두 이러한 발상의 전환에서 태어났다. 4차 산업 시대인 오늘날은 이그노벨상이 지향하는 엉뚱한 도전정신이 더욱 필요한 시대다.

성경에 이런 이그노벨 같은 믿음이 또 나온다. 다윗이다. 모두들 벌벌 떠는 거인, 게다가 최신 병기로 무장한 골리앗 앞에서 이렇게 뻥을 친다.

> 다윗이 블레셋 사람에게 이르되 너는 칼과 창과 단창으로 내게 나아오거니와 나는 만군의 여호와의 이름 곧 네가 모욕하는 이스라엘 군대의 하나님의 이름으로 네게 나아가노라 ____ 삼상 17:45

다시 말하지만, 그냥 뻥이 아니라 믿음의 뻥이다. 하나님이 함께하시기에 승리할 수 있다는 믿음의 선언이다. 그 선언대로, 골리앗은 다윗의 물맷돌 앞에 낙엽처럼 쓰러졌다.

세상을 바라보고 나를 바라보면 찌그러질 수밖에 없다. 그러나 하나님을 바라보고 나를 바라보면 배짱이 생긴다. 기발한 믿음의 발상이 떠오른다. 용기가 생긴다. 이 믿음으로 세상을 이긴다.

하나님이 함께하시니 뻥을 좀 치자. 왕새우처럼 기개를 부리자. 붕새처럼 날아오르자. 하나님은 우리를 하늘을 날 수 있게 만들지는 않으셨지만, 하늘을 나는 꿈을 꾸게 만드셨다. 여호와를 앙망하는 자는 독수리가 날개 치며 올라감같이 날아오른다.

믿음의 뻥쟁이들! 날아오르자! 힘을 내자.

무릇 하나님께로부터 난 자마다 세상을 이기느니라 세상을 이기는 승리는 이것이니 우리의 믿음이니라 ____ 요일 5:4

안도현 | **간격**

사랑은 아름다운 간격이 있어야 한다

숲을 멀리서 바라보고 있을 때는 몰랐다
나무와 나무가 모여
어깨와 어깨를 대고
숲을 이루는 줄 알았다
나무와 나무 사이
넓거나 좁은 간격이 있다는 걸
생각하지 못했다
벌어질 대로 최대한 벌어진,
한데 붙으면 도저히 안 되는,
기어이 떨어져 서 있어야 하는,
나무와 나무 사이

그 간격과 간격이 모여
울울창창 숲을 이룬다는 것을
산불이 휩쓸고 지나간
숲에 들어가 보고서야 알았다[15]

  숲을 이루는 나무들은 서로 부둥켜안고 있지 않다. 나무와 나무 사이에는 간격이 필요하다. 간격이 있어야 서로 햇볕과 바람을 받을 수 있다. 참나무와 삼나무는 서로의 그늘 속에서는 자랄 수가 없다. 그리하여 나무들은 제각기 그리움의 간격으로 서 있다. 서로를 바라보며 축복할 수 있지만 간섭하거나 구속할 수 없는 거리로 서 있다.

  악기는 텅 빈 몸에서 아름다운 소리를 낸다. 아무도 간섭하지 않는 텅 빈 공간, 간격이 있는 이 공간이 소리를 내는 공명판이다. 종소리에도 간격이 있어야 한다. 소리의 간격 속에 여유와 너그러움이 배어 있고 여운과 그리움이 있다.

  모든 악보에는 쉼표가 있다. 음악은 소리로만 구성되어 있지 않다. 소리가 들리지 않는 휴식의 시간도 음악의 한 부분이다. 만약 소리에 간격이 없다면 소리가 아니라 소음이 된다. 소쩍새는 노래할 때, '소'와 '쩍' 사이 간격을 길게 펼친다. '소'와 '쩍' 사이의 그 간격이 사람을 더욱 애타게 한다.

  문장(文章)도 그러하다. 간격이 짧을수록 무미(無味)한 직설법에 가깝다. 사람을 눈물 나게 하는 것은 고운 간격이 있는 은유

법이다. 이것이 거리의 미학이다.

제주도에 가보면 엉성해 보이는 구멍 숭숭한 돌담들이 있다. 이 돌담은 거센 바람에도 무너지지 않는다. 구멍 사이로 바람이 지나가기 때문이다. 이렇듯 아름다운 거리감, 좋은 간격이 있어야 한다.

시인 곽효환은 이런 말을 했다.

"나는 가끔 시인의 몸속에는 무엇이 들어 있을까 궁금하다. 아마도 '비어 있다'가 정답일 것이다. 그럼으로써 사물과 풍경을 담아내고 또 그것에 들기도 하는 것이리라."[16]

시인의 몸도 빈 간격이 있을수록 좋다. 그 빈 간격 사이로 떨림이 들어오고 떨림은 시가 되고, 시는 울림이 되어 우리를 같이 울린다.

사랑은 아름다운 거리를 유지하는 것이다

생각해보자. 지구가 태양을 사랑한다고 하여 뛰어든다면, 달이 지구가 좋다고 달려와 안긴다면 어찌 되겠는가. 별빛이 고운 것은 그 빛이 아주 멀리서 아주 오래전에 출발해 지금의 우리 눈에 닿았기 때문이다. 북극성까지의 거리는 약 430광년이라고 한다. 그러니까 오늘 밤 우리가 북극성을 본다면 그 북극성 별빛은 조선 시대, 임진왜란이 일어나기 전에 출발한 빛이다. 그래서 별빛은 그리움의 빛이다. 별이 지척에 있었다면 우리는 별을 한갓 돌멩이에 불과하다고 업신여겼을 것이다.

아름다움은 아름다운 거리가 있을 때 보게 된다. 그렇다. 아무리 사랑해도, 아무리 가까워도 서로에게는 좋은 간격이 있어야 한다. 그 간격 사이로 바람이 지나야 늘 신선한 법이다.

그리하여 주님은 사랑에 대해서 이런 말씀을 하셨다.

무례히 행하지 아니하며 ──── 고전 13:5

무례히 행하지 않는다는 것은 '아름다운 거리감'이 있다는 것이다. 아무리 가까워도 함부로 말하지 않고 함부로 행동하지 않는 아름다운 거리를 유지하는 것이 사랑이다.

칼릴 지브란은 〈사랑하되 간격을 두라〉라는 시에서 이런 말을 하였다.

함께 있어도 간격이 필요하나니
그대들 사이에서 하늘 바람이 춤추기 위해
사랑하지만 사랑으로 구속하지는 말기를

기둥들도 서로 좋은 거리를 두며 세워져 벽과 지붕을 받치고 있다. 별과 별 사이에도, 꽃과 꽃 사이에도 간격이 있어 서로 자라듯이, 사랑하는 사람들도 '아름다운 거리'가 아름다움을 만든다.

사랑은 무례히 행하지 않는다.

사랑은 아름다운 거리를 유지하여 노래하는 '거리(距離)의 미학(美學)'이다.

이무라 가즈키요 | **당연한 일**

당연한 것이 아닌
너무나 고마운 것들

일본 대학 의학부를 졸업하고 내과 의사로 근무했던 이무라 가즈키요는 섬유육종 암이 폐까지 전이되어, 안타깝게도 서른두 살의 나이로 세상을 떠난다. 죽음을 앞둔 그는 글을 남긴다. 그는 병마와 싸우면서도 살아갈 용기와 자상함을 잃지 않았다. 혼자 남을 아내, 그리고 자식을 먼저 떠나보낼 부모님께 보내는 마음을 책에 담았다.

이 책이 우리나라에서는 《종이학》이라는 제목으로 발간되었는데, 이 가운데 실린 〈당연한 일〉이라는 시를 보면 당연해 보이는 것들의 소중함을 느끼게 된다.

왜 모두 기뻐하지 않을까요

당연하다는 사실들
아버지가 계시고 어머니가 계시다
손이 둘이고 다리가 둘
가고 싶은 곳을 자기 발로 가고
손을 뻗어 무엇이든 잡을 수 있다
소리가 들린다
목소리가 나온다
그보다 더한 행복이 어디 있을까
그러나 아무도 당연한 사실들을 기뻐하지 않아
당연한 걸 하며 웃어버린다
세 끼를 먹는다
밤이 되면 편히 잠들 수 있고 그래서 아침이 으고
바람을 실컷 들이마실 수 있고
웃다가 울다가 고함치다가 뛰어다니다가
그렇게 할 수 있는 모두가 당연한 일
그렇게 멋진 걸 아무도 기뻐할 줄 모른다
고마움을 아는 이는 그것을 잃어버린 사람들뿐
왜 그렇지 당연한 일[17]

　우리는 매일 당연해 보이는 일상을 맞이한다. 당연한 아침, 당연한 하늘과 구름, 당연한 직장에서 일과를 채우고 여가시간을 보내고 잠자리에 들어 하루를 마무리한다. 오늘은 어제와 비슷하고, 내일도 그러할 것이라 생각한다.

그러나 우리가 당연하게 보는 햇살, 바람 소리, 흙냄새, 아침 점심 저녁 식사, 걸을 수 있는 걸음은 그것을 잃어버린 사람에게는 일상이 아니라 간절히 원하는 그 무엇이다.

가고 싶은 곳을 가고, 소리가 들리고, 바람을 실컷 들이마실 수 있고, 웃다가 울다가 고함치다가 뛰어다니다가 다시 저녁을 맞고 아침을 맞이하고…. 이것은 당연한 일이 아니라 너무나 고마운 일이다. 항상 힘이 되어주는 부모님, 늘 곁에 있어주는 형제, 마음을 나눌 수 있는 친구들, 세상을 가득 채운 고운 색채와 율동의 파노라마. 당연해 보이는 모든 것이 사실은 참 고맙고 소중한 것들이다.

당연함으로 가라앉은 일상을 감사함으로 흔들어라

이성복 교수는 예술가와 시인이 해야 할 일을 "사실에서 느낌으로" "안전에서 위험"으로 전환시키는 것이라고 했다.[18]

쉽게 설명해보자. 한 사람을 사랑하게 되었을 때, 모든 것에 민감해지고 긴장하게 된다. 일종의 감정의 위기다. 시인이 '느낌'과 '위험'이라는 표현으로 말하려고 했던 것은 바로 이런 변화를 가리키는 것이다. 그러나 시간이 흘러 오래된 연인 관계가 된다든가 결혼을 하게 되면 이런 긴장된 감정이 일상의 감정이 된다. 한때 모든 신경을 깨웠던 느낌의 세계, 극적인 긴장, 이런 위험의 세계는 사라지고 그 자리에 무감각하기만 한 '사실'의 세계, 친숙한 '안정'의 세계가 들어선다. 그리하여 일상적 삶을 '느낌'에서 '사실'로, '위험'에서 '안전'으로 이행된다.

바로 이때, 시인과 예술가는 사실과 안전으로 상징되는 친숙한 세계를 흔들어 다시금 느낌과 위험으로 가득 찬 세계를 여는 역할을 해야 한다는 것이다. 이것을 신앙적으로 표현한다면, 당연하다고 여기고 있는 일상 세계가 당연한 것이 아니라 너무나 고마운 감동 덩어리라는 것을 깨달아야 한다는 것이다.

고두현 시인의 표현처럼, 달맞이꽃은 달빛에 찾아올 나방을 기다리며 봉오리를 벙그는 데 17분, 꽃잎을 활짝 피우는 데 3분을 쓴다. 합하여 20분. 우리가 게을리 허비한 20분이 달맞이꽃에게는 한 생애다.[19]

내가 불평불만으로 보낸 한나절이 하루살이에게는 일생이다. 내가 맞이한 오늘 하루는 어제 죽어간 사람들이 그토록 바라던 내일이다.

풀 한 포기, 돌멩이 하나, 햇살 한 줌, 봄이 오는 것, 들을 수 있고 볼 수 있는 것, 말할 수 있는 것, 걸을 수 있는 것, 생각하고 느낄 수 있는 것, 웃을 수 있고 울 수 있는 것. 무엇보다도 예수님을 믿는 것, 전도하고 선교하고 구제하는 거룩한 주의 일을 할 수 있는 것. 모두가 당연한 일이 아니라 눈물겹도록 소중하고 고마운 것들이다. 그리하여 '반복의 묵은 날'이 아닌 '기적의 새날'을 늘 맞이하면서, 감사하고 기뻐하며 사는 것이 성도의 사명이다.

주님, 오늘도 새로운 날을 주심을 감사합니다.
이 소중한 주님의 선물을 최상으로 맞이하며 헛되게 보내지 않겠습니다.

범사에 감사하라 이것이 그리스도 예수 안에서 너희를 향하신 하나님의 뜻이니라 ____ 살전 5:18

박제영 | **아내**

당신이 있어
따뜻합니다

다림질 하던 아내가 이야기 하나 해주겠단다.

부부가 있었어. 아내가 사고로 눈이 멀었는데, 남편이 그러더래. 언제까지 당신을 돌봐줄 수는 없으니까 이제 당신 혼자 사는 법을 배우라고. 아내는 섭섭했지만 혼자 시장도 가고 버스도 타고 제법 불편함 없이 지낼 수 있게 되었대. 그렇게 1년이 지난 어느 날 버스에서 마침 청취자 사연을 읽어주는 라디오 방송이 나온 거야. 남편의 지극한 사랑에 관한 이야기였는데 아내가 혼잣말로 그랬대. 저 여자 참 부럽다. 그 말을 들은 버스 기사가 그러는 거야. 아줌마도 참 뭐가 부러워요. 아줌마 남편이 더 대단하지. 하루도 안 거르고 아줌마 뒤만 졸졸 따라다니는구만. 아내의 뒷

자리에 글쎄 남편이 앉아 있었던 거야.

기운 내 여보,

실업자 남편의 어깨를 빳빳이 다려주는 아내가 있다
영하의 겨울 아침이 따뜻하다[20]

실업자 남편에게 다림질하던 아내가 들려준 이야기다. 그 이야기 속으로 들어가 보면, 눈먼 아내에게 혼자 버스 타고 다니라고 하는 건 너무한 것이 아닌가 하는 작은 분노부터 일어난다. 눈먼 아내가 불쌍해서 가슴이 짠해지기도 한다. 그런데 드라마틱한 반전이 일어난다. 버스 기사님이 이렇게 말한다.
 "남편이 더 대단하지. 하루도 안 거르고 아줌마 뒤만 졸졸 따라다니는구만!"
 부부가 무엇인지, 사랑이 무엇인지 보여주는 눈물겨운 반전이다.
 남편이 아내를 끔찍이 사랑한 이야기지만, 부부는 하나이기에 아내가 남편을 사랑한 이야기이기도 하다. 실직한 남편을 배려하고 다독이며 이런 이야기를 들려주는 아내가 곁에 있는 한, 남편은 반드시 일어설 것이다.
 이 땅의 남편들은 누구나 잠재적 실업자들이다. 그런 불안을 안고 오늘도 힘겹게 살아간다. 가족의 사랑이 이런 불안과 고독에서 위로를 준다.

> 하나님이 고독한 자들은 가족과 함께 살게 하시며 갇힌 자들은 이끌어 내사 형통하게 하시느니라 ____ 시 68:6

부부, 편하고도 고마운 사이

문정희 시인은, 부부란 "무더운 여름밤 멀찍이 누워 잠을 청하다가도 어둠 속에서 앵! 하고 모기 소리가 들리면 순식간에 둘이 합세하여 모기를 잡는 사이"[21]라고 했다. 어디 모기뿐이랴. 쥐가 나타나도, 심지어는 하이에나가 나타나도 합세하여 달려들 것이다.

그렇다. 부부란, 독주가 아니라 합주. 평생 연분도 되고 평생 '웬수'가 될 때도 있지만 짜장면 먹을 때도 편한 사이, 어쩌다 칫솔을 바꿔 써도 토하지 않는 사이다. 세월을 먹을수록 서로에게 스며들어 얼굴과 말투조차 닮아가는 사이다. 그뿐만 아니다. 인생의 배움터에서 만난 큰 스승, 지금 이 자리에 있어주는 것만으로도 존재 가치를 다하고 있는 고마운 존재다. 그래서 생에 가장 큰 충격은 배우자와의 사별이라 한다.

《톰소여의 모험》,《왕자와 거지》,《허클베리 핀의 모험》 등으로 유명한 미국의 소설가 마크 트웨인은 아내를 무척 사랑한 애처가로도 유명하다. 마크는 친구인 찰스의 누이동생인 올리비아를 흠모하였다. 그러던 어느 날, 찰스의 만찬 초대를 받아 그의 집에서 올리비아를 만난 마크는 황홀했다. 마크는 그의 유머러스한 기질을 발휘했다. 만찬이 끝나고 돌아가는 길에 마차에서 일부러 굴러떨어져 올리비아의 집에서 2주일이 넘도록 머물렀다. 그동안 그는 올리비아에게 끈질기게 구혼하여 열일곱 번째의 프러포즈에서 승낙을 얻었다.

결혼한 마크 트웨인은 "그녀가 있는 곳이면 어디든 에덴동산"이라고 하면서 아내를 좋아했으나 불행이 닥쳤다. 아내가 중병에 걸린 것이다. 그러나 마크는 한결같이 아내를 사랑했다. 어느 날 마크는 아파서 침대에 누워 있는 아내를 위해 집 안뜰의 나무마다 이런 글을 써 붙였다고 한다.

"새들아, 너희들이 우는 것은 본능이니 어쩔 수 없겠지만, 되도록이면 좀 멀리서 울면 안 되겠니? 지금 내 아내가 잠을 자고 있단다."

영어를 읽을 줄 아는 새가 있었다면 아마 미소를 지으며 멀리 날아갔을 것이다.

1970년대 일본 최고의 SF 작가였던 무라카미 다카시라는 소설가가 있다. 그는 어느 날부터 유머 콩트를 연재하기 시작했다. 사람들은 그가 돈 때문에 유머 작가로 전락한 것이 아닌가 수군거렸다. 그렇지 않다. 아내 때문이었다. 그의 아내는 불치의 병 때문에 한 달밖에 살지 못한다는 시한부 판정을 받았다.

그 때문에 다카시는 아내를 웃음으로 살리기 위해 전국의 유머를 모았던 것이다. 그렇게 얻은 유머를 매일 한 편씩 아내에게 들려주었다. 그 덕분에 아내는 하루하루를 웃으며 무려 5년이나 더 살 수 있었다고 한다.

페르시아 시인 루미의 시에 이런 구절이 나온다.

봄의 과수원으로 오세요
만발한 석류꽃과 햇살과 와인이 있어요
당신이 혹여 안 오신다면
이 모든 것이 무슨 소용이 있겠어요

당신이 혹여 오신다면
이 모든 것이 또한 무슨 소용이 있겠어요

여보, 이 '당신'이 바로 당신이에요.
당신이 곁에 있어 이 추운 겨울도 따뜻합니다.

나태주 | 풀꽃·1

너를 자세히 오래 보며 사랑한다

자세히 보아야

예쁘다

오래 보아야

사랑스럽다

너도 그렇다.[22]

짧은 시지만 깊은 울림이 있다.

어느 날, 시인은 늘 걸어 다니던 골목 구석을 바라본다. 그늘 속에 무채색 작은 풀꽃의 흔들림이 보인다. 거기에는 매력적인 향기, 고혹적인 색깔도 없어서 '꽃'이 아닌 '풀꽃'이라고 하대받는 것이 피어 있다. 그런데 시인은 풀꽃을 자세히 보니 예쁘고, 오래 보니 사랑스럽다고 한다. 그리고 더 감동적인 것은, 그런 풀꽃이 바로 '너'임을 노래한다.

가까이 자세히, 그리고 오래 보아야 보이는 세계가 있다.

사단의 하수인 내지는 사단의 상징인 애굽의 왕 바로는 출애굽 하는 하나님의 백성을 무력화하기 위해 네 가지 전략을 짰다.

첫째, 애굽 땅을 벗어나지 말라고 한다(출 3:25). 신앙생활을 하되 세상 가치관으로 살아가라는 의미다.

둘째, 너무 멀리 가지 말라고 한다(출 8:28). 하나님을 믿기는 믿되 너무 깊이 빠지지 말라는 것이다.

셋째, 남자들만 가라고 한다(출 10:10,11). 전도, 선교하지 말고 자신만 신앙 생활하라는 것이다.

넷째, 물질은 두고 가라고 한다(출 10:24). 믿음의 마지막 관문이자 결정적 시금석인 물질의 헌신만큼은 하지 말라는 것이다.

이 중에서 마귀의 두 번째 전략을 자세히 보자. 마귀는 너무 멀리 가지는 말라고 한다.

> 바로가 이르되 내가 너희를 보내리니 너희가 너희의 하나님 여호와께 광야에서 제사를 드릴 것이나 너무 멀리 가지는 말라 _____ 출 8:28

하나님을 믿되 너무 깊이 믿지 말고, 사랑하기는 하되 적당히 사랑하라는 것이다.

만남이 있고 스침이 있다. 수박을 겉만 핥으면 수박을 먹은 것이 아니듯, 사랑을 겉만 핥으면 사랑을 하지 않은 것이다. 예수님도 깊이 만나지 않고 겉만 스치면 신앙인이 아니고 종교인일 뿐이다. 마귀는 '적당히'라는 치명적인 아름다움을 품은 말을 하면서 사람을 무력화시키려 한다.

> "만약 당신의 사진이 좋지 않다면, 그것은 당신이 충분히 접근하지 않았기 때문이다."
> If your photographs aren't good enough, you're not close enough.[23]

여러 카피 문안으로도 종종 쓰이는 이 말은 전설적인 종군 사진기자 로버트 카파의 사진 철학이다. 그는 포토저널리스트로서, 시대의 결정적인 순간들을 담아내기 위해 목숨을 걸고 "대상에 가까이" 다가갔다. 스페인 내전, 중일전쟁, 2차대전, 중동전쟁, 인도차이나전쟁 등 그 모든 전쟁터에서 그는 병사보다 더 적진 가까이에 다가가 촬영했다. 그 결과 많은 사람에게 전쟁의 참사를 알리고, 깊은 반성을 던져주었다.

주님은 나를 자세히 오래 바라보신다

가까이 자세히, 그리고 오래 보아야 보이는 세계가 있다.

세상은 작고 하찮아 보이는 것에 대해 냉정하다. 낮고 헐한 것을 중요하게 여기지 않는다. 그래서 이런 것들을 가까이 보고 자세히 보고 오래 보려고 하지 않는다. 그러나 이 땅에 내려오신 예수님은 우리에게 충분히 가까이 오셨던 분이시다. 우리와 함께 울고 웃으시면서, 우리의 연약함을 누구보다도 자세히 오래 보셨다.

"자세히 보아야 예쁘다
오래 보아야 사랑스럽다
너도 그렇다."

자, 이런 상상을 해보자. 시골 선생님이 한 아이와 함께 들판에 나갔다. 그 아이는 어눌하여 늘 놀림 받는 아이였다. 들판에는 이름 모를 꽃들이 피어 있었다. 이 아이처럼 아무도 관심을 두지 않는 풀들이다. 그런데 선생님은 아이에게 이렇게 말씀하신다.

"자세히 그리고 오래 보아라. 꽃이 무슨 소리를 하는가 들어보아라. 얼마나 예쁜지 모른단다."

그리고는 숨을 한번 고른 후에, 아이를 쳐다보며 말한다.

"너도 그래! 너도 얼마나 예쁜지 모른단다!'

이 이야기를 들은 아이는 얼마나 감동이 넘쳤을까?

사람들은 나의 무기력함과 연약함과 미약한 힘을 보고 눈과 마음을 주지 않는다. 그러나 주님은 가까이서 자세히 오래 참고 보신다. 그리곤 이렇게 말씀하신다.

"괜찮아, 너 참 예쁘고 사랑스럽구나. 힘내거라. 너를 향한 하나님의 선한 비전이 있단다."

정호승 | **지푸라기**

지푸라기 같은 그대!
그대는 쓸모 있는 존재야

나는 길가에 버려져 있는 게 아니다
먼지를 일으키며 바람 따라 떠도는 게 아니다
지푸라기라도 잡고 싶은 당신을 오직 기다릴 뿐이다
내일도 슬퍼하고 오늘도 슬퍼하는
인생은 언제 어디서나 다시 시작할 수 없다고
오늘이 인생의 마지막이라고
길바닥에 주저앉아 우는 당신이
지푸라기라도 잡고 다시 일어서길 기다릴 뿐이다
물과 바람과 맑은 햇살과
새소리가 섞인 진흙이 되어
허물어진 당신의 집을 다시 짓는

단단한 흙벽돌이 되길 바랄 뿐이다[24]

참 고마운 지푸라기다. 사람들이 보기에 지푸라기는 먼지와 함께 떠도는 쓸모없는 존재 같지만, 시인은 그렇지 않다고 한다. 지푸라기라도 잡고 싶은 사람을 위해서 기다리는 고마운 존재라고 한다.

나무에서 떨어지는 사람은 이파리라도 잡으려 하고, 물에 빠진 사람은 지푸라기라도 잡으려 하는 법. 지푸라기는 인생의 벼랑 끝에서 방황하는 이에게 작은 힘이 되어주길 기다리는 고마운 존재다.

지푸라기는 한 걸음 더 나아가 작은 꿈이 있다. 물과 바람과 맑은 햇살과 새소리 섞인 진흙이 되고 싶어 한다. 그리고 흙벽돌로 빚어져서 마침내 삶이 무너져간 사람을 위한 집이 되기를 소망한다.

과연 지푸라기같이 미약한 존재가 시처럼 고마운 존재가 될 수 있을까?

돈도 없고 건강하지도 않고 실패하고 좌절하고 상처 가득한 우리는 지푸라기 같을 경우가 많다. 성경을 보면 이런 지푸라기와 가장 비슷한 존재가 나온다. '상한 갈대'와 '꺼져가는 등불'이다. 상한 갈대는 아무짝에도 쓸모가 없이 자리만 차지하고 있기에 뽑아 버리는 것이 세상의 논리다. 꺼져가는 등불의 심지는 그을음만 가득하기에 꺼버리는 것이 세상이다. 그러나 주님은 이들에 대한 무한한 애정을 보여주신다.

> 상한 갈대를 꺾지 아니하며 꺼져가는 등불을 끄지 아니하고 진실로 정의를 시행할 것이며 ＿＿ 사 42:3

시인 윌리엄 블레이크는 모래 한 알과 들꽃 한 송이에서 무한하고 영원한 암호를 보았다고 했다. 지푸라기도 분명 하나님의 거룩한 암호다. 주님이 이 미물(微物)의 손을 잡아주시기에 상한 갈대도 꺼져가는 등불도 지푸라기도 존재의 의미가 빛날 수 있다.

자, 신나는 지푸라기 이야기를 해보자.
지푸라기와 비슷한 것이 '강아지똥'일 것이다.
시골교회 종지기로 섬기며 동화를 쓰신 아동문학가 권정생님의 〈강아지똥〉이라는 그림동화가 있다.
돌이네 강아지 흰둥이가 돌담 모퉁이에 똥을 싸 놓았다. 강아지똥은 아무짝에도 쓸모가 없고 더럽다며 냉대를 받았다. 수레에서 떨어진 흙덩이가 울고 있는 강아지똥을 위로하지만, 그 흙덩이는 주인의 도움으로 다시 자신의 땅으로 돌아가고 혼자 남은 강아지똥은 외로움에 사무친다.
"난 더러운 똥인데, 어떻게 착하게 살 수 있을까? 아무짝에도 쓸모없을 텐데…."

봄이 왔다. 병아리들을 데리고 나온 어미 닭도 "암만 봐도 먹을 만한 건 아무것도 없어. 모두 찌꺼기뿐이야"라며 강아지똥을 지나쳐 가버린다. 더욱 시름에 젖은 강아지똥 앞에 '파란 민들레 싹'이 돋아난다.

"난 예쁜 꽃을 피우는 민들레야."

민들레 싹은 강아지똥과 이야기를 나눈다.

"넌 어떻게 그렇게 예쁜 꽃을 피우니?"

"그건 하나님이 비를 내려주시고 따뜻한 햇빛을 주시기 때문이야."

강아지똥은 민들레가 부러웠다.

"그런데 한 가지 꼭 필요한 게 있어. 바로 영양분이야. 네가 거름이 되어 나에게 영양분을 공급해줘야 꽃을 피울 수 있어."

민들레는 강아지똥의 가치를 인정해주면서, 거름이 되어줄 수 없냐고 부탁을 했다.

"내가 그렇게 필요한 존재란 말이야?"

강아지똥은 기쁜 마음으로 민들레를 힘껏 껴안았다.

비가 며칠 동안 내렸다. 빗물에 몸이 녹아 땅으로 스며든 강아지똥은 거름이 되어 민들레의 몸속으로 들어갔다. 그리고는 민들레의 뿌리와 줄기를 타고 올라가, 마침내 하늘의 별처럼 고운 민들레꽃을 피웠다.

나는 쓸모없는 존재라고 생각하며 울던 강아지똥은 별처럼 빛나는 꽃이 되고, 싱그러운 꽃향기가 되어 바람을 타고 세상

멀리멀리 퍼져나갔다.

하나님이 지으신 모든 존재는 쓸모없는 것이 없다. 모두 소중한 의미를 지니고 이 땅에 보내졌다.

쓸모와 의미를 살려주시는 주님의 손
김춘수 님의 유명한 시 〈꽃〉에는 후반부에 이러한 구절이 나온다.

누가 나의 이름을 불러다오.
그에게로 가서 나도
그의 꽃이 되고 싶다.

누군가 내 이름을 불러주기를 기다린다. 그 누구도 하나의 몸짓으로 끝나는 인생이 아니라, 꽃으로 피고 싶고, 의미로 남고 싶은 것이다.

좋은 스승은 나의 이름을 불러주는 분이다. 내 가치를 알아보는 분이다. 모두들 나를 돌멩이로 보지만, 스승은 틈새에 숨어 있는 금가루를 발견해주는 사람이다.

천하 만물은 잡히는 손에 따라 의미가 살아난다. 도적의 손에 잡히면 도적이 되기도 하고, 명군의 손에 잡히면 재상이 되기도 한다. 행인들의 걸림돌이던 돌덩이를 건축가가 발견해 다듬으면 건물의 주춧돌이 된다. 예술가가 발견하면 아름다운 조각품이 된다.

마찬가지다. 보잘것없이 들판에 버려진 지푸라기가 제비의 부리에 물리면 따뜻한 둥지가 되고, 농부의 손길이 닿으면 요긴한 새끼줄이 되고 멍석이며 가마니가 되기도 한다. 새끼줄이 모이고 또 모이면 코끼리도 묶을 수 있다. 또한 지푸라기가 정원사의 손을 거치면 겨울 나무에게 추위를 막아주는 따뜻한 옷이 된다. 기술이 발달하기 전 시대에는 지혜자들이 풍향을 알아볼 때 공중으로 지푸라기를 던지기도 했다. 뿐만이 아니다. 지푸라기가 없는 메주는 상상할 수 없다. 지푸라기 주단이 깔리면 그 위에 메주가 누워 하나가 되고, 어머니는 그 메주로 맛난 간장을 만드신다.

이렇듯 멋진 분의 손에 들리면 멋진 지푸라기가 된다.

멋진 분을 위해 쓰임 받으면서 이 세상에서 가장 행복한 지푸라기가 된 지푸라기가 있다. 그 지푸라기는 2천여 년 전 베들레헴 어느 마을에서 소와 말에 밟히고 있던 마구간의 지푸라기였다. 이 지푸라기를 이불 삼아 아기 예수님이 누우셨다. 지푸라기는 아무도 받아주지 않던 하나님의 아들을 품어주는 귀한 역할을 했다. 얼마나 영광스러운 지푸라기인가.

하나님이 손을 잡아주시고 보호하시고 사용하시는 지푸라기는 결코 미약한 존재가 아니다. 우리도 이렇게 빛나는 존재가 될 수 있다.

막다른 골목에 몰린 사람들이 지푸라기 같은 희망조차 없이 살아내기는 힘든 세상이다. 하나님이 함께하시는 우리는 물에 빠진 자가 잡으려는 마지막 희망의 지푸라기일 수가 있다.
한 송이 꽃만 피어도 봄이 온 줄을 안다. 우리의 따뜻한 말 한 마디, 간절한 기도가 절박한 누군가에게는 봄같이 느껴져 그의 목숨을 구할 수도 있다.
지푸라기같이 보여도 우리는 하나님의 보석, 참 쓸모 있는 존재들이다.

함민복 | 긍정적인 밥

좋은 시인인 그대, 힘내세요

시 한 편에 삼만 원이면
너무 박하다 싶다가도
쌀이 두 말인데 생각하면
금방 마음이 따뜻한 밥이 되네

시집 한 권에 삼천 원이면
든 공에 비해 헐하다 싶다가도
국밥이 한 그릇인데
내 시집이 국밥 한 그릇만큼
사람들 가슴을 따뜻하게 덥혀줄 수 있을까
생각하면 아직 멀기만 하네

시집이 한 권 팔리면
내게 삼백 원이 돌아온다
박리다 싶다가도
굵은 소금이 한 됫박인데 생각하면
푸른 바다처럼 상할 마음 하나 없네[25]

꽃송이 같고 목숨 같은 시집의 가격이 좀 헐하다 싶다가도 "그래, 이게 어딘데" 하는 시인의 말이 눈물겹다.

시 한 편의 가격이 삼만 원, 시집 한 권의 값 삼천 원(물론 옛날 가격이다)! 하루 종일 허리 구부려 일하는 농부의 수고를 생각하면 그래도 시 쓰기가 덜 고단한 것이 아닌가 싶다. 그러나 시는 어머니가 산통(産痛)을 하듯, 시인이 온 영혼을 바쳐 낳은 자식 같기에 시 쓰기가 결코 쉽다고 할 수는 없다.

시의 가격과 더불어 생각해야 하는 것이 나의 가격(?)이다.

모든 가치가 가격으로 매겨지는 이 시대에 나의 가치는 얼마인가? 내가 받는 월급이 나의 가치라고 여긴다면 우리는 바람에 흩날리는 싸락눈처럼 비틀거릴 수밖에 없다.

우리는 언젠가부터 풀 한 포기 돌멩이 하나에도 가격을 매기기 시작했다. 그러나 세상에는 돈으로 환산할 수 없는 것들이 있다. 태양과 구름과 바람, 어머니의 눈물, 당신의 시, 그리고 지금 주님이 명하셔서 당신이 하고 있는 일을 어떻게 돈으로 셈할 수 있겠는가.

예수님은 하나님의 거룩한 성전을 불의한 돈벌이 장터로 바꾼 무리를 질책하셨다. 그리고 성전을 깨끗하게 하시면서 이렇게 말씀하셨다.

> 성전 안에서 소와 양과 비둘기 파는 사람들과 돈 바꾸는 사람들이 앉아 있는 것을 보시고 노끈으로 채찍을 만드사 양이나 소를 다 성전에서 내쫓으시고 돈 바꾸는 사람들의 돈을 쏟으시며 상을 엎으시고 비둘기 파는 사람들에게 이르시되 이것을 여기서 가져가라 내 아버지의 집으로 장사하는 집을 만들지 말라 하시니 ____ 요 2:14-16

거룩을 돈으로 셈할 수 없다. 우리의 순수한 시를 삼만 원에 가두어둘 수도 없다.

내가 하는 모든 일에 영혼의 감동을 싣자

철학자 아리스토텔레스에 의하면 '시'(詩)라고 번역하는 '포이에마'는 우리가 생각하는 '시'에만 국한되지 않는다. 넓은 의미에서의 시는 기술자에 의해 만들어진 많은 작품도 포함한다. 그러므로 우리가 일상생활에서 정성껏 만들어내는 것들과 일이 모두 시가 될 수 있다. 그래서 인문학자 김헌 교수는 이렇게 말했다.

"인간을 위해 무언가를 만들어내는 일은 시를 짓는 일이다. 어떤 이는 시를 짓듯 구두를 만든다. 옷을 만드는 일, 배를 만드는 일, 의술을 이용해 건강을 창조하는 일도 모두 한 편의 시를 짓는 것과 같다. 아침마다 구수한 밥 짓는 냄새가 잠을 깨운다면, 어머니의 손길은 시인의 것과 다르지 않다."[26]

목사만이 주님의 일을 하는 것이 결코 아니다. 주님이 우리 각자에게 주신 '일'은 소중한 주님의 사명이다.

우리가 이웃을 축복할 수 있는 가장 일반적인 방법이 '일'을 통하여 이웃을 축복하는 것이다. 내가 만드는 것, 내가 서비스하는 것을 통해 이웃을 축복한다. 노래하는 사람은 최상의 노래를 불러서, 빵을 만드는 사람은 최상의 빵을 만들어서 이웃을 축복한다.

그러하기에 우리의 일에 영혼의 감동을 실어야 한다. 영혼 없는 일은 이웃에 대한 조롱이다. 영혼 없는 는길이 모욕이듯이, 영혼 없는 일은 무례함을 넘어 무시다.

미켈란젤로가 〈모세 상(像)〉을 조각할 때의 일화다. 미켈란젤로는 완성된 그의 작품을 한참 바라보더니, 갑자기 화가 나서 끌로 〈모세 상〉의 발등을 부수면서 울부짖었다.

"왜 너는 말을 하지 않느냐?"

차가운 대리석에 생명력을 불어넣고 싶었던 그의 열정 때문이었다.

《참을 수 없는 존재의 가벼움》의 저자 밀란 쿤데라는 영혼을 싣지 않는 일을 '부도덕'하다고 했고, 생태학자 김종철은 이러한 일을 '범죄 행위'라고까지 말했다.

영혼을 실은 농부의 쌀 한 톨을 손바닥에 올려놓고 바라보면 천 근의 무게와 우주의 이야기를 느낀다. 주님은 주어진 일을 주께 하듯, 영혼의 감동을 싣는 최상의 시인을 찾으신다.

> 무슨 일을 하든지 마음을 다하여 주께 하듯 하고 사람에게 하듯 하지 말라 ──── 골 3:23

주님의 말씀처럼 주께 하듯 시를 쓰자. 시인들이 쓰는 시만이 시가 아니다. 우리가 지금 신실하게 하는 일, 하나님과 가족과 사회를 위해서 흘리는 우리의 눈물과 땀이 모두 시다. 그리하여 우리는 아름다운 시인이다.

(내가 쓰는) 시 한 편에 삼만 원이면
너무 박하다 싶다가도
쌀이 두 말인데 생각하면
금방 마음이 따뜻한 밥이 되네

조미료같이 한순간의 맛이 아니라
집밥처럼 은근한 맛이 있는 시인님, 힘내세요.

당신의 시 한 편으로 봄꽃이 피고, 가족들이 웃습니다.
당신의 시 한 편이 나라의 디딤돌이 됩니다.
당신의 시 한 편을 읽으면 따뜻한 밥을 먹은 것처럼 힘이 납니다.
오늘도 당신의 시로 지은 밥 '긍정적인 밥' 한 그릇을 뚝딱하고 힘든 세상을 미소 지으며 살아가렵니다.

울라브 하우게 | 내게 진실의 전부를 주지 마세요

진실은 한 걸음 한 조각으로도 충분하다

내게 진실의 전부를 주지 마세요,
나의 갈증에 바다를 주지 마세요,
빛을 청할 때 하늘을 주지 마세요,
다만 빛 한 조각, 이슬 한 모금, 티끌 하나를,
목욕 마친 새에 매달린 물방울같이,
바람에 묻어가는 소금 한 알같이.[27]

울라브 하우게는 인구 1,000명 남짓의 노르웨이 서부 지역인 울빅(Ulvik)에서 태어나, 그곳을 떠난 적이 없이 정원사로 살면서 시를 썼다. 그의 시는 꼭 그가 가꾸어온 과수원의 식물들을 닮았다. 하우게의 집을 방문한 사람들은 그가 직접 과수원 나무를 깎아 만든 나무 의자와 책꽂이들, 작은 생활용품들을 보고 놀라곤 했다. 그는 거의 독학으로 영어, 프랑스어, 독일어를 배워 시를 번역하기도 하면서, 삶과 시의 감흥을 두툼한 일기로 남겼다. 독자들과 전문가 모두 하우게를 20세기 노르웨이의 국민 시인으로 꼽기를 주저하지 않는다.

하우게의 시는 현란하지 않고 소박한 진실이 가득하다. 작은 진실들이 만들어내는 마음의 떨림으로 아름답고 서정적이다. 에밀리 디킨슨과 더불어 참 좋아하는 시인이다.

시인은 "진실의 전부"가 아니라 빛 한 조각, 이슬 한 모금, 티끌 하나, 목욕을 마친 새에 매달린 물방울 같은, 바람에 묻어가는 소금 한 알 같은 진실의 작은 조각만을 갈망한다. "진실의 전부"는 너무나 커서, 시의 광주리에 모두 담을 수 없기에 그러하다. 목마른 사람에게는 바다가 아니라 물 한 컵이면 되고, 어두운 길을 걷는 사람에게는 태양이 아니라 작은 랜턴의 불빛 하나면 되듯이, 시는 진실의 작은 부분들로 충분히 향기를 발한다.

모든 것을 다 알아야 한다는 우리로서는 하나의 작은 진실 조각으로 감사하는 시인의 겸손에 고개가 숙어진다.

세상에는 자신이 모든 진리를 아는 듯이 주장하는 이들이 많이 있다. 특히 이단(異端)의 교주들이 그러하다. 이는 바다와 하늘을 줄 수 있다고 말하는 것과 같다. 미국 남침례신학 대학원(The Southern Baptist Theological Seminary)에서 구약학 박사과정을 공부할 때, 지도교수님의 성함이 다니엘 블록이었다. 다니엘서 연구에 일생을 걸었기에 이름도 다니엘로 하였다고 했다. 교수님은 한평생 다니엘서를 연구했지만 아직도 모르는 부분이 많아서 안타깝다고 늘 말씀하셨다. 그런데 이단의 교주들은 다니엘서뿐만 아니라 에스겔서, 요한계시록 등 결코 녹록지 않은 성경을 막힘없이 거침없이 척척(?) 해석한다. 자신이 모든 진리를 다 알고 있다는 듯이 교만하다.

시인이 말했듯이 새는 호수에서 물방울 몇 개만 나를 수 있고, 바람은 바다에서 소금 몇 알만 실어나를 뿐이다. 우리도 부분적으로 알고 부분적으로 느낄 뿐이다. 물고기가 아무리 물을 들이켜도 강의 물을 마르게 할 수 없고, 꿀벌들이 아무리 부지런해도 이 세상의 꽃들이 만드는 꿀을 다 모을 수가 없다. 그러니 겸손해야 한다.

겸손은 하나님의 은혜를 담는 그릇이다. 교만한 그릇에는 하나님의 은혜가 담기지 않는다. 아름다웠던 천사장이 하나님과 같이 되려 하다가 마귀가 되었다. 그 아름다운 에덴동산에서 아담과 하와도 하나님과 같이 되려 하다가 죄악으로 물들게 되었다.

'모든 것'을 다 안다는 교만은 하나님과 같이 되려는 교만과 같다.

작은 것 하나하나가 모든 것에 이르게 한다

우리는 지금 우리가 당하는 고난의 정확한 이유를 잘 모른다. 고난은 신비다. 해석할 수 없는 경우도 많다. 그러나 모든 것을 다 알고 이해해야 고난을 극복하는 것도 아니다. 지금 하나님이 전해주시는 은혜의 작은 조각 하나, 우리를 사랑하신다는 세미한 음성 하나하나를 좇다 보면 어느덧 하나님이 인도하시는 목적지로 가게 된다.

"작다"라는 의미의 영어 단어 '스몰'(small)에는 '모든 것'을 뜻하는 '올'(all)이 들어 있다. 지금 여기 하나님이 보여주시는 작은 것들 안에 모든 것이 들어 있다. 그 작은 음성, 작은 섭리에 "아멘" 하며 좇다 보면 '모든 것'에 서서히 다가가는 것이다.

빌리 그래함 전도단에서 간증하고 찬양하던 킴 윅스라는 한국인 가수가 있다. 시각 장애인인 그녀는 이런 고백을 했다.

"저는 소경이기 때문에 사람들의 인도를 받습니다. 그때 사람들은 십미터 전방에 무엇이 있다고 일러주는 것이 아니라, 앞에 층계가 있으니 발을 올려놓으라 말하고, 앞에 흙탕물이 있으니 피하라고 말합니다. 저는 저를 인도하는 사람을 신뢰하고 한 걸음 또 한 걸음 옮기면 언제나 목적지에 도달합니다. … 저는 인생이 그와 같을것이라고 생각합니다. 믿음으로 산다는 것이 그와 꼭같을 것으로 생각됩니다. 나를 부르시고 인도하시는 주님을 신뢰하고 한 걸음 또 한 걸음을 옮기다 보면 주께서 나를 위하여 예비하신 그 영광스런 목적지에 도착할 것을 확실히 믿습니다."[28]

아멘, 아멘. 하나님의 선하심을 크게 믿고, 한 걸음 한 걸음씩 인도하는 하나님의 섭리를 믿고 겸손히 걸어갈 때, 마침내 푸른 초장 쉴 만한 물가로 도착함을 믿는다.

모든 진리를 다 알려고 교만하지 않겠습니다.
목마르다고 바다를 다 마시려 하지 않겠습니다.
빛이 필요하다고 하늘을 달라고 하지 않겠습니다.
다만, 하나의 이슬방울,
호수에서 나온 새가 물방울 몇 개 묻혀 나르듯
바람이 소금 알갱이 하나 실어 나르듯,
진실한 조각 하나를 보여주시면 감사하겠습니다.

그 작은 자가 천 명을 이루겠고 그 약한 자가 강국을 이룰 것이라 때가 되면 나 여호와가 속히 이루리라 ──── 사 60:22

올더스 헉슬리 | 멋진 신세계

성경은 본질과 진짜 행복을 보여준다

허구적 상상력으로 반이상향적인 미래를 묘사하는 '디스토피아 문학'이라는 것이 있다. 유토피아가 이상향적인 행복한 세상을 말한다면, 디스토피아는 반대로 불행한 세상을 의미한다. 가장 유명한 디스토피아 소설은 조지 오웰의 《1984》다. 그러나 오늘날의 상황과 맞아떨어져 특별히 주목받는 것이 올더스 헉슬리의 《멋진 신세계》(Brave New World)다. 《1984》는 전체주의의 디스토피아를, 《멋진 신세계》는 과학과 기술과 인간의 죄성이 어우러져 발생하는 과학지상주의의 악몽 같은 디스토피아를 보여주고 있다.

소설은 정부가 인간 배아(胚芽) 배양소를 운영하면서 엄격하게 배아 생산을 통제하는 미래의 영국을 배경으로 한다. 권력자들은 인간의 욕망과 마음까지 마음대로 통제할 수 있다는 헛된 믿음을 가지고 있다.

착상된 태아들이 병 속에서 자란다. 병이 곧 엄마의 배 속이고 인큐베이터다. 배아는 계급별로 나뉘어 양육된다. 지도급 사람으로 계획된 배아에는 충분한 혈액과 산소를 공급해서 크고 지능이 높고 완벽한 사람으로 자라게 한다. 계급이 낮은 사람으로 계획된 배아에는 의도적으로 혈액과 산소량을 줄인다. 또한 어떤 배아는 필요 없다고 여겨 의도적으로 성장이 중단되도록 잔인한 화학 처리를 거쳐 제거한다. 이렇듯 아이들은 출생이 아니라 의도적으로 부화가 된다.

그렇게 자란 인간들은 엄격한 카스트 제도에서와 같이 알파, 베타, 감마, 델타, 입실론이라는 계급을 형성한다. 가장 높은 알파 계층은 리더 역할을, 가장 낮은 입실론 계층은 궂은일을 하게 된다. 태어나면서부터 이미 운명이 결정되는 것이다.

이들은 병 속에서 이미 자기 계급에 맞는 교육을 받으며, 특히 다른 계급을 넘보지 않고 자기 계급을 만족하는 교육을 받는다. 그럼에도 우울증에 빠지거나 불만이 차오를 것을 대비해서 '소마'라는 마약이 주어진다. 소마는 부작용이 없고 일반화되어 직장에서 쉽게 구할 수 있는데, 길거리의 아이스크림처럼 만든 소마도 있고 술처럼 마시는 소마도 있다.

이렇듯 소마와 더불어 남녀가 자유로운 성생활을 즐기도록 하면서 사회를 적절하게 유지한다. 엄청난 과학 기술의 발달과 인간의 탐욕스러운 욕망이 만나서 만들어낸 이 괴물 같은 사회가 '멋진 신세계'로 포장되어 있다.

이 세상 그림자의 허상을 밝히는 두 종류의 책
그런데 이 사회에서 리더들이 무서워하는 두 종류의 책이 있다. 바로 '성경'과 '인문학' 책이다. 이 책들이 공개되면 '멋진 신세계'의 모든 본질이 공개되어 자신들의 허상이 드러날 수 있기 때문에 통제관인 포드 세계 국장은 이 두 종류의 책을 금고에 보관한다.

"국장은 조심스럽게 그를 쳐다보았다. 세계 국장의 서재에 있는 금고에는 금지된 옛날 책들이 숨겨져 있다는 소문이 있었다. 성경, 시집 - 포드 세계 국장은 이미 알고 있었다."[29]

'성경'과 '인문학 책'이 이처럼 파워가 있는 것은 본질을 보여주는 책이기에 그러하다. 포드 국장은 성경과 인문학 책을 읽어보았을 것이다. 그래서 더욱더 그 위력을 알고 있는 것이다. 이 둘을 없애버릴 수도 있지만 없애지 않고 금고에 보관하고 있는 이유는 자신이 틈나는 대로 읽으면서 지도자로서의 역량을 키우기 위한 것이었다.
좀 더 깊이 들어가 보자.

《멋진 신세계》에 사는 사람들은 플라톤의 '동굴의 비유'에 나오는 동굴 속의 사람들과 같다. 동굴 속에 사람들이 모여 있다. 이들에게 등 뒤에서 빛을 비추어서 그림자만 보게 한다고 하자. 사람들은 자신들이 보는 그림자가 전부라고 여기며 우물 안 개구리처럼 살아간다.

그러다가 한 사람이 동굴 밖으로 나왔다. 푸른 하늘과 강과 꽃과 새를 보았다. 동굴에서 보던 그림자의 기쁨과는 비교 불가다. 그는 다시 동굴로 들어가 이 기쁨을 전하였다. 그러나 사람들은 아무도 따라 나오지 않았다. 그들에게는 동굴 안 그림자만이 전부였다. 불쌍한 인생이다.

여기서, 밖으로 나온 사람이 다시 동굴로 들어가 바깥세상에 대한 말을 전해주는 그 역할을 하는 것이 바로 성경과 인문학이다. 그래서 '멋진 신세계'의 포드 국장은 성경과 인문학을 금지한 것이다. 그림자의 허상이 다 드러나기 때문이다.

만일 우리를 둘러싸고 있는 모든 것의 본질을 본다면 우리는 좀 더 여유롭고 넉넉한 삶을 살게 된다. 무엇보다도 일시적인 행복, 가짜 행복이 아닌 진짜 행복, 영원한 행복을 추구하며 살게 된다.

이런 이야기가 있다.

뉴욕시에 큰 부자가 있었다. 그는 골동품 수집상이었는데 고민이 생겼다.

'6개월 동안 유럽 여행을 하게 되었는데 이 귀한 골동품을 누

가 훔쳐 가면 어찌할까?'

도난 방지기를 설치하고도 잠이 오지를 않았다. 그러다가 아이디어를 냈다. 뉴욕 뒷골목의 화방에 가서 그림들을 싼 가격에 사 왔다. 그리고 그 그림들 밑에 어마어마한 가격표를 붙이기 시작했다. 10만 불, 100만 불, 500만 불…. 진짜 아끼는 골동품에는 싼 가격표를 달아놓고 아무렇게나 두었다.

안심한 부자는 가벼운 마음으로 여행을 떠났다. 얼마 후, 예감한 대로 가게에 도둑이 들었다. 도둑은 10만 불, 100만 불의 가짜 가격표를 붙인 그림들을 훔쳐 달아났다. 진짜 귀한 골동품은 그대로 놔둔 채.

사단은 오늘날도 가짜 행복에 큰 가격을 붙여 놓고, 사람들이 거기에 몰두하게 한다. 어리석은 인생은 사단이 붙여 놓은 가짜 행복론에 속아 하나님이 준비하신 참 행복을 모르고 살아가는 인생이다. 성경과 인문학은 이런 가짜의 정체를 드러나게 한다. '멋진 신세계'로 포장된 이 세상 정욕의 정체를 드러나게 한다.

그렇다면 성경과 인문학이 보여주고 싶어 하는 이 세상의 본질은 무엇일까?

성경은 세상의 본질과 영원을 보여준다

이 세상의 모든 본질은 창세기 1장 1절에 명확히 나온다.

태초에 하나님이 천지를 창조하시니라 ＿＿ 창 1:1

하나님이 천지를 창조하셨다. 천지와 우리 인간을 창조하신 하나님과 동행하는 삶을 사는 것이 인생의 본질이요 행복이다. 그러나 인문학은 창세기 1장 1절을 인정하지 않는다. 인본주의적 인문학자들은 "하늘에 계신 하나님, 거기 계시옵소서. 우리는 땅 위에서 알아서 살겠나이다"라는 자세로 산다. 즉, 하나님을 인정하지 않은 채 만물의 본질을 보려 하기에 진짜 본질을 보지 못하고 오늘도 신음한다. 인문학의 한계다.

"인문학은 본질을 발견하지 못한 땅의 신음이다!"

어니스트 헤밍웨이의 소설 《킬리만자로의 눈》 도입부에 이런 구절이 나온다.

"킬리만자로는 해발 19,710피트의 눈 덮인 산으로, 아프리카에서 가장 높다고 한다. 그 서쪽 봉우리는 마사이어로 '응가에 응가이' 즉 '신의 집'이라고 부른다. 서쪽 봉우리 가까운 곳에 얼어서 말라붙은 표범의 사체가 있다. 이 표범이 무엇을 찾아 그 높은 곳까지 왔는지 아무도 그 이유를 알지 못한다."[30]

참 많은 사람에게 다의적(多義的) 해석과 깊은 영감을 주었던 명구절이다. 표범은 고산병 때문에 그 높은 정상에 오르지 못한다고 한다. 그럼에도 불구하고 킬리만자로의 표범은 정상에 올랐다. 만류하는 가족도 무리도 뒤로한 채 외롭게 오른 정상에서 표범은 무엇을 발견했을까? 발밑의 경치는 환상적이었을 것이다. 잠깐 동안은 힘든 시간을 견뎌낸 자신에 대한 자부심을 가질 수 있을 것이다. 하지만 그다음에 표범을 기다린 것은 빈 공간뿐이었다. 아무것도 없는 정상에서 외롭게 서 있는 자신뿐이었다. 그 후 내려갈 힘도 내려갈 시간도 내려갈 의지도 꺾인 채 서서히 얼어 죽어갔는지 모른다.

표범은 왜 그곳에 올랐을까?

이런 상상을 해본다. 표범은 사실 달과 별에 가보려 한 것이다. 그래서 달과 별에 가장 가깝다고 생각하는 킬리만자로의 산에 올랐는지 모른다. 그러나 거기까지다. 영원까지 가보려는 표범에게 인문학은 킬로만자로산의 정상까지만 인도한다. 이것이 인문학의 한계다. 우리 인간은 달나라를 갔고, 이제 화성까지도 갈는지 모른다. 금성도 가능할지 모른다. 그러나 거기까지다. 하늘나라까지는 가지 못한다.

인문학과 성경의 차이는 마치 밤하늘의 천체를 어린아이의 장난감 망원경으로 보는 것과 우주 공간에 설치한 허블망원경으로 보는 것의 차이만큼이나 극명하다. 성경은 천지를 창조하신 하나님, 만물의 기원, 죄와 죄 용서, 죽음과 죽음 후의 세계 등 인문학이 보지 못하는 것들을 말해주는 생명의 책이다. 영원을 보여주는 책이다. 진짜 행복을 보여주는 책이다.

인문학이 명답이라면 성경은 정답이다!

나무를 분석하고, 떨어지는 사과를 보고 만유인력의 법칙을 발견하는 사람을 '과학자'라고 한다.

나무를 보고 시를 쓰고 노래하는 사람을 '시인'이라고 한다.

나무를 보고 나무를 존재케 한 이, 나무를 만든 자를 찬양하는 사람을 '신앙인'이라고 한다.

과학자들은 우리의 삶을 편안하게 해준다.

시인들은 우리가 인간임을 느끼게 해준다.

신앙인은 존재의 근원을 제시해주며 가짜 신세계를 벗어나 생명의 삶으로 인도해준다.

2

Humanitas To GOD

하나님과 동행한 이야기가 있는 삶

나의 삶은 하나님과 함께하는 동행의 스토리입니다

이야기가 있는 사람은
복이 있나니

"태초에 스토리(이야기)가 있었다."
"지금도 스토리는 이어진다."

지금은 그 어느 때보다 이야기의 시대이다.
내 삶의 독특한 이야기가 있는 사람은 행복하다.
하나님과 동행한 이야기가 있는 사람은 가장 행복하다.

이야기의 시대
"소설은 이야기다."
"소설은 이야기가 있는 긴 글이다."

"소설은 이야기에 집중해 쓴 문학 장르다."

이 명제에 찬성하는 문학가도 있고, 반대하는 작가도 있을 것이다.

분명 소설이 이야기이기만 한 것은 아니다. 이야기와 소설은 공통점이 있고 다른 점이 있다. 그러나 소설은 이야기가 주된 재료다. 이야기 없이는 소설이 되지 않는다.

이청준의 소설 《인문주의자 무소작 씨의 종생기》에 보면 주인공 '무소작'의 흥미로운 직업이 나온다.

"당신한테 소중한 건 우리가 알지 못한 넓은 세상을 맘껏 떠돌아다니며 겪고 본 일들이지. 자, 그러니 그 이야기나 차분히 들려주시오. 간밤부터 듣자 하니 노형한텐 정말로 우리가 여기서 상상할 수조차 없는 놀랍고 기이한 이야기들이 무진장한 듯싶은데 말이오."[31]

무소작은 많은 곳을 돌아다니면서 각 고장에서 겪었던 경험들을 다른 고장에 가서 이야기로 들려주는 삶을 산다. 이 소문을 듣고 동네 사람들은 무소작에게 자기가 가보지 못한 다른 동네의 이야기를 요청한다.

우리가 소설을 읽고, 영화를 보고, 드라마를 보는 이유 중 하나가 바로 이것이다. 우리는 작가들에게 우리와 똑같은 것을 경험한 사람들의 이야기, 혹은 우리가 경험하지 못한 다른 사람들의 이야기를 들려달라고 요청하는 것이다. 그 이야기 속에서 나를 보고, 이웃을 보고, 이웃을 이해하고 공감하고 생각의 지평을 넓힌다. 이렇듯 소설에는 나와 비슷한 사람들, 그리고 나와 다른 사람들의 삶의 이야기가 가득하여 모두들 좋아한다.

사람들은 있는 그대로의 사실(fact)을 좋아하지 않는다. 그 안에서 뭔가를 느낄 수 있는 스토리를 좋아한다. 마치 우리가 학창 시절에 선생님이 가르쳐주신 내용은 도통 기억나지 않는데 선생님이 들려준 첫사랑, 첫 키스 스토리는 아직도 기억나듯이 말이다.

지금 우리는 그 어느 때보다 '이야기의 시대' 속에 산다.

덴마크의 세계적인 미래학자 롤프 옌센(Rolf Jenssen) 교수는 그의 저서《드림 소사이어티》에서 이런 말을 했다.

> "다음에 도래할 사회는 '드림 소사이어티'이다. 이는 기업, 지역사회, 개인이 데이터나 정보가 아니라 '이야기'를 바탕으로 성공하게 되는 새로운 사회이다."[32]

롤프 옌센 교수는 정보화 시대 이후의 도래할 시대를 '드림 소사이어티'라고 불렀다. 지금이 바로 그 시대다. 드림 소사이어티는 꿈과 감성 그리고 이야기가 주도하는 사회다. 즉 감성 있는 이야기를 잘 만드는 사람이 세상에 영향력을 미치는 시대라는 의미로, 드림 소사이어티의 소비자들은 이제 '상품'을 사지 않고, 그 상품 속에 들어 있는 '꿈과 이야기'를 산다고 한다. 그리하여 《드림 소사이어티》의 부제(副題)가 바로 '꿈과 감성을 파는 사회'다.

미국의 영문학자 존 닐(John Niels)은 우리 인간을 가리켜 '이야기하는 인간' 즉 '호모 나랜스'(Homo-narans)라고 하였다. 인간은 끝없이 이야기하고 싶고 이야기를 듣고 싶어 하는 본능을 가지고 있고, 이야기를 통해 세상과 사회를 이해한다는 것이다. 사람들은 본능적으로 이야기에 반응하고, 거기서 그치는 게 아니라 스스로 해석을 덧붙여 이야기를 만들어내고 전한다. 지금 어디선가 쉴 새 없이 이야기가 만들어지고 있다. 그리고 그 말들은 발도 없이 세계 일주를 한다.

미국 포스트모더니즘 설치미술가 바바라 크루거(Barbara Kruger)는 〈나는 쇼핑한다, 고로 존재한다〉(I shop, there I am)라는 유명한 작품을 선보였다. 이 말은 호모 나랜스로서의 소비자는 수많은 제품의 홍수 속에서 자신의 이야기와 부합되는 제품의 이야기를 선택함으로써 자신의 정체성을 확인하고자 한다는 것이다. 한마디로 내 마음속에 있는 이야기와 부합이 되는 아름다운 이야기가 담긴 상품을 구매한다는 것이다.

이야기가 가치를 실어준다

인터넷을 보면 소위 유럽 3대 허무 관광지, 속칭 '3뺑'이라는 소개글이 있다. 벨기에 브뤼셀의 〈오줌싸개〉 동상, 덴마크 코펜하겐의 〈인어공주〉 동상, 독일 라인강의 로렐라이 언덕이 그것이다. 사실 그렇다. 사람들의 입에 오르내려 유명한 명승지에 가보면 휑한 돌덩이 하나만 있는 경우를 종종 본다. 그런데 그곳이 왜 유명한가? 바로 '스토리'가 있기 때문이다. 흔한 공원 벤치라도 유명한 어느 누가 앉았다고 하면 명소가 된다. 벤치에 일종의 스토리가 가미된 것이다.

드라마 〈대장금〉에 장금이 임금에게 산딸기 정과를 바치며 이 음식이 '최고의 음식'이라 하는 장면이 나온다. 임금이 이유를 묻자 장금은 이렇게 대답한다.

"산딸기는 편찮으신 어머니께 드린 마지막 음식입니다. 제 어미를 걱정하던 마음으로 전하께 올렸습니다."

산딸기에 스며 있는 스토리를 말한 것이다. 그랬더니 산딸기에 담긴 따뜻하면서도 애달픈 사연이 그 맛을 최고의 맛으로 만든다. 겉보기에는 평범한 음식일지라도 그 음식에 담긴 깊은 스토리를 들으면 새로운 감동의 맛이 느껴진다.

하나 더 이야기해보자. 사람들이 전어를 이렇게 설명했다.

'가시 많고 기름기 자르르한 생선'

전어는 귀한 음식을 시킬 때 덤으로 서너 마리 구워주던, 천대받는 생선이었다. 실제로 가시가 많고 기름기도 많은 생선이다. 그런데 어느덧 '가을 전어'라는 말이 생기면서 각광 받기 시작했다. 그사이에 전어가 크게 회개하여 맛이 크게 달라진 것일까?

그렇지 않다. 맛은 그대로다. 대신에 생선에 사람 이야기가 덧붙여져서 가을 대표 생선으로 우뚝 서게 된다.

"전어 굽는 냄새에 집 나간 며느리도 돌아온다!"

어디서부터 이 말이 시작되었는지는 모른다. 그러나 바로 이 말속에 '집 나간 며느리'라는 말이 사람들의 마음을 잡은 것이다. 시집살이가 괴로워서 누구나 집 나가고 싶은 사람의 마음을 '전어'가 대변해준 것이다. 그래서 사람들은 전어를 먹으면서 '내 마음과 비슷한 사람들이 많구나' 하며 위로를 받는다.

이렇듯 이야기가 있는 상품이 강한 경쟁력이 있다.

영국의 작가 조앤 롤링이 쓴 판타지 소설 《해리 포터》(Harry Potter)는 지금까지 67개 언어로 번역되어 4억 5천만 부가 팔렸고, 소설과 영화 캐릭터 판매를 포함한 수익이 무려 308조 원에 이른다.

마케팅 전문가이자 작가인 수잔 기넬리우스(Susan Gunelius)는 그의 저서 《스토리노믹스 - 상상력이 만드는 거대한 부의 세상》(미래의창, 2009)에서 해리 포터의 경제 유발 효과를 분석하면서 '스토리노믹스'(storynomics)라는 신조어를 사용했다. 스토리노믹스는 '이야기 경제', '이야기를 통한 가치창출' 등으로 해석할 수 있는데, 한마디로 '이야기'는 기업의 경쟁력을 좌우하는 중요한 요소라는 것이다. 이야기의 경제적 효과를 의미하는 이 용어를 통해 그녀는 상상력과 스토리텔링이라는 문화 콘텐츠의 놀라운 힘을 주장한 것이다.

나의 향기로운 이야기가 있는가

비단 기업뿐만이 아니다. 개인적으로도 자신만의 독특한 이야기가 있는 사람이 승리한다. 오늘날은 '디지털 호모 나랜스'의 시대가 도래했다. 우리는 모두 SNS를 통해 자신의 수많은 이야기꽃을 피우고, 나누고 있다. 1인 미디어 시대에서는 누구나 스토리텔러다.

세계적인 투자왕 워런 버핏이 "하버드 대학의 졸업장은 입사 후 3일까지만 효력이 있다"라는 말을 했다. 스펙만 가지고는 한계가 있다는 것이다. 자신의 이야기가 있어야 한다.

누구나 탁월함을 원한다. 탁월함은 자기만의 스토리가 있느냐로 결정된다. 스펙은 너도나도 갖추었기에 경쟁자로 넘쳐난다. 반면, 스토리는 '나의 이야기'이기에 경쟁자도 없고, 외부 영향을 받지 않는다.

노래 프로그램에서도 노래만 잘 부르는 시대는 지났다. '스토리가 있는가?'를 본다. 개그 프로그램에서도 그러하다. 성대모사 등 흉내 내기는 기능일 뿐 독창성으로 평가되지 않는다. 공감이 되는 스토리가 있는 개그를 할 줄 알아야 한다. 입사를 위한 인터뷰를 할 때도 자신의 향기로운 스토리가 있는 사람이 절대 유리하다.

참 초라한 사람이 있다면, 스펙은 많으나 스토리가 없는 사람이다. 이런 사람은 높이를 가진 듯하나 깊이가 없는 사람이다. 위로는 길게 자랐으나 뿌리가 얕아 위태로운 나무와 같다.

스펙과 스토리는 다르다.

스펙은 얼마나 기능이 뛰어난지를 의미하고, 스토리(이야기)는 독특한 경험을 의미한다.

스펙은 '최초', '최대', '최고'라는 말을 좋아하고, 스토리는 '유일한', '독특한', '특별한' 같은 말을 좋아한다.

스펙은 숫자로 표현되고, 스토리는 가슴으로 표현된다.

스펙은 편안함을 주고, 스토리는 평안함을 준다.

스펙은 자랑하려 하고, 스토리는 사랑하려 한다.

스펙에는 '올라온 높이'가 보이지만, 스토리에는 '헤쳐 나온 깊이'가 보인다.

스펙에는 나의 성공만이 나열되지만, 스토리에서는 나의 약점이 오히려 경쟁력이 된다.

스펙은 사람을 상품처럼 순위를 매기고, 스토리는 사람을 작품처럼 존중한다.

그리하여 스펙은 자신만 1등이 되려 하고, 스토리는 모두를 1등 되게 한다.

'나'라는 존재는 유일한 오리진(origin)이다. 지구상에 둘도 없다. 나의 이야기를 만들어가고, 그 이야기가 이웃에게 감동을 주면, 꽃과 벌이 모두 공존하며 행복하듯이 모두에게 기쁨을 준다.

먹고 먹히는 치열한 정글 같은 세상 속에서 우리에게 감동과 용기를 주는 것은 아름다운 이야기, 따뜻한 이야기, 그리고 공감의 이야기다.

이렇듯 이야기가 곧 경쟁력이다. 그리고 사람들의 마음을 울리는 이야기에는 한 가지 공통적인 요소가 있다. 그것은 '고난'이다. 어떤 고난의 광야가 있었는가? 그리고 그것을 어떻게 극복했는가? 고난의 정도가 클수록 감동도 크다. 그리고 "얼마나 힘든 고난이었는가?"보다 "그것을 어떻게 이겼는가?"가 이야기의 핵심이다.

나의 독특한 이야기가 있는 사람이 행복한 인생이다.

하나님과 동행한 이야기가 있는가

'나의 이야기'가 있는 사람을 넘어 '하나님과 동행한 이야기'가 있는 사람이 가장 행복하다.

나치의 지옥 같은 유대인 학살의 현장인 홀로코스트에서 살아남은 유대인 작가 엘리 위젤은 《숲의 문》에서 이런 말을 하였다.

"신은 이야기를 사랑하여 인간을 만들었다."[33]

스토리텔링을 연구하는 학자들이 좋아하는 이 문장은 여러 가지 의미로 해석될 수 있다. 여러 해석 속에 이런 해석이 제일 좋을 듯하다.

"하나님은 인간과의 사랑 이야기를 위하여 인간을 창조하였다!"

삶은 이야기다. 사람은 누구나 아름답건 추하건 자기 삶의 이야기가 있다. 이 세상에서 행복한 사람은 자신의 독특한 이야기가 있는 사람이다. 이 세상에서 제일 행복한 사람은 하나님과의 깊은 사랑 이야기가 있는 사람이다. 하나님 때문에 깊은 마음과 열정을 드렸던 이야기가 있는 사람, 하나님과 깊이 동행한 이야기가 있는 사람, 하나님과 이웃을 위하여 돈을 뚝 잘라 쓴 이야기가 있는 사람이 제일 행복하다.

십자가 상에서 예수님을 만나 회개하고 구원받은 강도가 있었다. 그가 천국에서 가장 후회할 일이 있다면, 자신이 행했던 강도짓보다 더욱 안타까워할 일이 있다면 주님과 동행했던 이야기가 없는 것이리라. 그에게는 주님을 위하여 땀과 눈물을 흘린 스토리가 없다.

"하나님!" 하고 부르면 깊이 떠오르는 이야기가 있는 삶! 하나님을 향해 말로 다 할 수 없는 동행의 이야기를 가진 사람이 가장 멋지고 행복하다.

우리는 역사를 'history'라고 한다. 'history'는 his(그의)와 story(이야기)의 합성어다. 하나님과 동행하면 나의 이야기는 그분의 이야기가 된다. 그분을 사랑한 이야기가 된다. 이런 삶이 가장 행복한 삶이다.

오랫동안 세상의 영광을 위한 스토리에 탐닉했던 솔로몬은 이렇게 한탄했다.

전도자가 이르되 헛되고 헛되며 헛되고 헛되니 모든 것이 헛되도다
―― 전 1:2

믿음의 스토리가 아닌 인생 스토리는 아무리 화려하고 멋져 보여도 주님 앞에서는 순식간에 사라지는 물거품처럼 무의미할 뿐이다.

마음을 나누며 함께하는 동행

창세기 5장에서 아담의 족보를 소개하고 있다. 21절까지 이어지는 아담의 족보에 반복되는 구절이 있다. "죽었더라… 죽었더라"다. 즉, 하나님을 떠난 아담의 족보는 "죽었더라"의 연속이다. 사망의 족보다. 그런데 마태복음 1장에 나오는 예수님의 족보는 "낳고… 낳고"의 연속이다. 생명의 족보다. 예수님을 믿으면 이렇듯 사망의 족보에서 생명의 족보로 옮겨진다.

에녹은 창세기 5장 아담의 족보에 나온다. 그렇다면 "삼백육십오 세를 살고 죽었더라"라고 기록되어야 할 것이다. 그런데 에녹은 다르다.

> 그는 삼백육십오 세를 살았더라 ____ 창 5:23

"죽었더라"가 아니라 "살았더라"다. 에녹은 처음으로 죽음을 극복한 존재다. 놀라운 일이다. 에녹의 삶에 도대체 무슨 일이 있었던 것일까.

하나님은 히브리서에서 믿음으로 살아간 영웅들의 열전에서 에녹을 잊지 않으셨다.

> 믿음으로 에녹은 죽음을 보지 않고 옮겨졌으니 하나님이 그를 옮기심으로 다시 보이지 아니하였느니라 그는 옮겨지기 전에 하나님을 기쁘시게 하는 자라 하는 증거를 받았느니라 ____ 히 11:5

그렇다면 이토록 칭송받을 에녹의 믿음이란 무엇일까?
바로 '하나님과 동행한 믿음'이다. 하나님은 이러한 동행을 참으로 기뻐하셨다.

> 에녹이 하나님과 동행하더니 하나님이 그를 데려가시므로 세상에 있지 아니하였더라 ____ 창 5:24

신앙은 한마디로 하나님과의 동행이다. 동행했다는 말은 단지 만났다는 정도가 아니다. 끝없이 소통하며 마음을 나누며 산 것이다.

뛰어난 신학자이자 목회자인 캠벨 몰간(Campbell Morgan) 목사님의 이야기다. 목사님의 커다란 즐거움 중 하나는 매일 오후나 저녁 무렵, 사랑하는 딸의 손을 잡고 런던의 하이드파크를 산책하는 일이었다고 한다.

그런데 어느 해 크리스마스가 가까워진 날, 갑자기 딸이 앞으로 며칠 동안은 아버지와 공원 산책을 갈 수 없다며 이유는 묻지 말라고 했다. 몰간 목사님은 서운했다.

얼마 후, 성탄절 아침에 그 이유를 알게 되었는데 사랑하는 딸이 성탄 선물로 아버지께 드릴 슬리퍼를 만드느라 시간이 필요했던 것이다. 성탄절 아침 이 선물을 받으면서 몰간 목사님은 딸에게 말했다.

"사랑하는 딸아, 너무너무 고맙다. 이것을 만드느라 얼마나 수고가 많았니? 그런데 말이야, 아빠는 슬리퍼 선물보다도 네가 나와 같이 손잡고 산책하는 것이 더 좋단다."

하나님도 같은 마음이실 것이다. 하나님은 우리 존재 자체를 사랑하시며 같이 있기를 좋아하신다. 이것이 동행이다.

평범한 일상에서 하나님과 동행하는 것이 아름다운 삶

더욱 아름다운 것이 있다. 에녹은 수도원에서 일평생 하나님과 동행했던 것이 아니다. 그에게 가정이 있었다.

므두셀라를 낳은 후 삼백 년을 하나님과 동행하며 자녀들을 낳았으며
———— 창 5:22

"하나님과 동행하며 자녀들을 낳았으며"

이 짧은 구절에 얼마나 많은 스토리가 담겨 있는지 모른다. 에녹은 우리처럼 힘든 시대 속에서 일상생활을 하면서 무려 300년을 하나님과 동행하며 살았던 것이다. 애들과 함께 지지고 볶는 일상생활을 했고, 속이 상하는 일도 많았을 것이다. 그도 인간이었기에 실수와 허물도 가득하였을 것이다. 그러나 그 어느 때도 하나님을 떠나지 않았다. 문제가 생길 때마다 하나님께 나오며 기도했을 것이다.

"하나님, 아이들이 이렇게 속상하게 해요!"

"하나님, 제가 이런 죄를 지었어요. 용서해주세요."

바로 이것이다. 지극히 평범한 일상생활에서 그 어느 순간에도 하나님과 동행하는 삶! 에녹과 같이 하나님과 동행한 이야기가 있는 사람이 가장 아름다운 삶을 산 사람이다.

하나님의 서재에는 아브라함이 주의 말씀을 좇아 순례의 길을 떠난 이야기가 있다. 모세가 이스라엘 백성들을 이끌고 출애굽 하여 광야에서 하나님과 동행한 이야기도 있다. 다윗이 사울에게 쫓기면서도 하나님을 바라본 이야기가 있으며, 바울 사도가 모든 것을 버리고 주의 종이 되어 선교하던 이야기도 보관되어 있다.

그리고 이제, 하나님은 우리의 이야기를 만들어가고 싶어 하신다. 우리가 하나님과 동행한 이야기, 하나님을 사랑한 이야기를 기록해 하나님의 서재에 두고 싶어 하신다. 그리하여 오고 가는 많은 영혼에게 들려주고 싶어 하신다.

이대흠 | 동그라미

동그란 말을 하는
동그란 사람이 만드는
동그란 세계

어머니는 말을 둥글게 하는 버릇이 있다
오느냐 가느냐라는 말이 어머니의 입을 거치면 옹가 강가가 되고, 자느냐 사느냐라는 말은 장가 상가가 된다
(중략)
장가 가는가라는 말은 장가 강가가 되고
애기 낳는가라는 말은 아 낭가가 된다

(중략)

어머니의 말에는 한사코 ㅇ이 다른 것들을 떠받들고 있다

(중략)

어머니는 한사코
오순도순 살어라이 당부를 한다

어머니는 모든 것을 둥글게 하는 버릇이 있다[34]

어머니의 말과 삶을 받치고 있는 'ㅇ'(이응).
동그라미는 우리들의 받침인 어머니. '사람'이라는 단어의 ㅁ 받침을 ㅇ으로 바꾸면 '사랑'이 된다. 어머니의 발음법은 사랑의 ㅇ이다. 상처 나고 찢겨 삐죽삐죽 모가 난 우리에게 오순도순 살어라이 당부하시며 어머니는 모든 것을 둥글게 하신다. 어머니의 둥근 마음에서 나오는 동그란 말들이 세상을 떠받들고 있다.

사람과 말은 둘이 아니라 하나이듯이, 어머니는 말만 둥근 게 아니라 자식을 품은 몸과 마음이 다 둥글다는 것을 보여주신다. 그리하여 머리가 발에 닿은 둥근 품에서 나오는 둥근 음식을 먹고 자란 자식들도 몸과 마음이 동그랗게 되기를 기대하신다. 우리는 언제 즈음 어머니의 기대처럼 말과 삶과 사랑이 하나 되어 둥글어진 시를 쓸 수 있을까.

하나님은 지구도 달도 태양도 별들도 얼굴도 모두 동그랗게 만드셨다. 그래서 우리는 지구를 그릴 때도 얼굴을 그릴 때도 동그라미를 먼저 그린다. 나무들은 제 나이를 잊지 않기 위해 나이를 먹을 때마다 제 몸에 동그라미를 그려둔다. 보슬비는 동그라미를 그리려 연못으로 간다. 연못의 물낯엔 보슬비가 그린 수많은 동그라미가 있다. 빗방울이 물에 닿는 순간 생기는 작은 동그라미는 금방 커지며 다른 동그라미와 합쳐진다.

싸우지 않는 동그라미 세계가 아름답다. 네모의 세계에서는 밑변과 윗변이 대립하고, 윗변과 아랫변이 대립한다. 좌우의 옆변과 옆 변이, 두 개의 가로변과 세로변이 서로 대립각을 세운다. 그러나 동그라미의 세계에는 시작이 끝이 되고, 그 끝이 다시 시작이 된다. 왼쪽으로 태어나도 동그라미고 오른쪽으로 태어나도 동그라미다. 왼쪽으로 걸어가도 오른쪽에 닿고 오른쪽으로 걸어가도 왼쪽에 닿는다. 동그라미는 갈등과 분열을 누그러뜨리는 화해의 세계다. 그리하여 동그라미 위의 모든 점은 모두가 일등이다.

모두가 주님이 주신 자신의 사명을 좇아 달리면 일등이 되는 둥근 세상! 이것이 하나님의 나라다.

성경은 이렇게 동그랗게 살라고 권면한다. 동그랗게 산다는 것은 바로 '화평케 하는 삶'을 의미한다.

화평케 하는 귀명창이 있어야 명창의 노래는 하늘을 날게 된다. 귀명창이라 함은, 잘못된 소리를 지적해주는 사람이라기보다는 소리 중간에 "얼쑤!" 하면서 추임새를 넣어 기운을 북돋아 주는 사람이다.

하나님은 우리를 '복의 통로'로 살라고 부르셨다. 복의 통로란 중간에서 잘하여 둥글게 둥글게 화평케 하는 사람이다.

둥글게 살아간 화평의 사람들

전설적인 록그룹 비틀스(The Beatles)를 보자. 비틀스는 그 이름도 찬란한 존 레논과 폴 매카트니, 조지 해리슨이 이끈 신화적인 그룹이다. 링고 스타는 기존의 드러머가 문제가 되어 나중에야 합류하게 된 멤버다. 비틀스는 존 레논과 폴 매카트니의 대립으로 흔들거렸다. 여기에 네 번째 멤버인 링고 스타까지 자신이 으뜸이 되려고 했다면, 비틀스의 후기 명반들은 아예 나오지도 못했을 것이다.

링고 스타는 외모가 뛰어나거나 노래를 월등하게 잘하지 못했고 심지어 드럼 실력도 탁월하지는 않았다. 그러나 다른 멤버들과 대립하지 않고 묵묵히 제 몫을 해냈다. 그 결과 비틀스는 계속 명성을 이어갈 수 있었다. 링고 스타는 자신의 이름처럼 멋진 '스타'였던 것이다. 비틀스에는 링고가 필요했다.

비단 비틀스뿐만이 아니다. 세상은 뒤에서 배경이 되어주며 신실하게 일하고 있는, 색채 없는, 신실한 넘버 포! 링고 스타 같은 사람 때문에 빛나는지 모른다.

신약성경에는 화평케 하는 자, ㅇ과 같은 사람이 나온다. '바나바'다. 누군가 내게 신약성경에서 가장 존경하는 인물이 누구냐고 묻는다면 서슴지 않고 바나바라고 말할 것이다.

바나바는 병 고치는 능력도 없고 귀신을 쫓아냈다는 기록도 없다. 사도라는 칭호를 받지 못했고 가문이 특출나지도 않은 평범한 사람이었다. 그러나 선하고 성령과 믿음이 충만한 사람이어서 많은 사람이 그를 좋아했다.

특히 그는 많은 사람을 섬기고 세워주며 결코 자신을 드러내지 않았다. 대신에 많은 사람을 꽃으로 피게 하였다. 바나바의 섬김을 받아 꽃 피운 대표적인 사람이 사도 바울이다.

예수님을 만나기 전 바울의 이름은 사울이었다. 사울이 다메섹 도상에서 부활의 주님을 만난 다음 하나님의 종 바울로 변화되었다. 그런데 사도들을 비롯한 많은 성도들이 바울을 두려워했다. 사울은 사도들과 예수 믿는 그리스도인들을 열정적으로 잡아 죽이려 했던 사람이었기 때문이다. 그런 그가 바울이 되어 변화되었다는 것을 아무도 믿어주지 않았다.

이때 바나바가 등장하여 바울의 신원을 보증해주었다. 바나바는 바울을 데리고 사도들을 찾아갔다. 그리고 바울이 다메섹에서 어떻게 예수님을 만났는지, 예수님이 바울에게 어떤 말씀을 하셨는지 설명했다. 그 후 바울이 여러 회당을 다니며 예수님이 하나님의 아들이심을 전한 것과 그로 인해 핍박을 받은 사실을 말하며 사도들에게 바울을 따뜻하게 맞아달라고 부탁했다. 그 결과 사도들은 바울을 맞아주었다.

그때 바나바는 안디옥 교회 목회자였다. 목회를 잘했다. 그런데 그는 안디옥 교회에 바울을 리더로 세우면서 자신은 스스로 2인자가 되어갔다. 바나바가 아니었으면 바울은 진흙 속에 묻힌 보석이 될 수도 있었을 것이다.

이후 바나바는 바울을 도와 함께 선교 여행을 했다. 그리고 복음 전파를 할 때 자신보다 바울이 더 적합하다고 생각되는 일에는 기꺼이 자신을 낮추고 양보했다. 사도행전을 보면 바나바와 바울에 대해서 처음에는 "바나바와 사울이" 혹은 "바나바와 바울이"라고 표현하다가 서서히 "바울과 바나바가"로 바뀌는 모습을 볼 수 있다. 리더십이 서서히 바나바에서 바울로 이양된 것이다.

그러나 바나바는 불평하지 않았다. 바울이 하나님의 손에 붙들려 아름답게 사용되는 것을 보면서, 주님을 찬양하고 무대 뒤편으로 서서히 사라진다. 이러한 바나바의 둥근 섬김 덕분에 바울은 더욱 아름다운 사도가 될 수 있었고, 더욱 많은 곳에 복음을 전파할 수 있었다. 한마디로 바나바를 통해 바울이라는 큰 인물이 배출된 것이고, 바울은 바나바에게 큰 사랑의 빚을 진 것이다. 천국에서 바울 사도는 아마 이런 간증을 하지 않았을까 싶다.

"제가 주님의 사역을 온전히 다 마칠 수 있었던 것은 바나바의 사랑 때문입니다. 사랑장이라고 불리는 고린도전서 13장도 바나바를 기억하면서 성령의 은혜로 기록한 것입니다…."

바나바는 어머니처럼 ㅇ자 발음을 하며 둥글게 둥글게 화평케 하는 자였다. 그의 곁에 가면 마음이 편해지고 위로를 받고 새 힘을 얻는다. 이런 사람이 가정에 교회에 많아야 한다. 이런 사람이 사회에 많아야 한다.

달력에 동그라미를 친 날은 신나는 날이다. 빨간 동그라미를 친 날은 축제의 날이다. 시험지에 선생님이 동그라미를 쳐주고 "참 잘했어요!"라고 말할 때, 우리의 마음에는 봄이 피어난다.
동그란 말을 하는 동그란 사람이 만들어 가는 동그란 세상.
동그란 사람을 만나면 나도 축제처럼 밤하늘의 둥근 달처럼 떠올라 사람의 강물에 화평의 빛을 비추고 싶다.

> 화평하게 하는 자는 복이 있나니 그들이 하나님의 아들이라 일컬음을 받을 것임이요 ____ 마 5:9

요나스 요나손 | **창문 넘어 도망친 100세 노인**

유쾌 상쾌 통쾌
꽃보다 할배

"알란은 왜 17세기 사람들은 서로를 죽이려고 그렇게 애를 썼는지 이해할 수 없다고 말했다. 조금만 더 진득하게 기다리면 결국 다 죽게 될 텐데 말이다."[35]

뽀빠이 이상용씨가 어느 TV 프로그램을 진행하던 중에 전남 곡성에 사시는 107세 된 할아버지를 만나서 인터뷰를 한 적이 있다.

"할아버지, 이렇게 오래 산 비결이 무엇입니까?"
"할아버지가 뭐야? 내가 형님이지."
"아, 형님 죄송합니다. 형님, 오래 산 비결이 뭐죠?"
"비결은 무슨…. 안 죽으니까 오래 살았지!"

이상용씨가 웃으면서 계속해서 질문했다.

"형님, 그동안 살다가 미운 사람도 많았을 텐데 스트레스도 없이 어떻게 그런 걸 다 참고 사셨어요?"

"응, 미운 사람들도 있었지. 하지만 그냥 내버려 뒀어. 그랬더니 지들이 알아서 80, 90살이 되더니 다 죽던데 뭘. 미운 사람 있어도 그냥 즐겁게 오래 살면 돼! 절대 화내지 마. 그래도 화날 때는 웃어버려!"

100세 시대다. 꼬부랑 할머니는 옛이야기가 되었고, 지금은 '꽃보다 할배' 꽃할매 꽃할배 시대다.

주목받는 스웨덴 작가 요나스 요나손의 《창문 넘어 도망친 100세 노인》은 유쾌함과 엉뚱함이 어우러진 소설이다.

주인공 알란의 100회 생일을 축하하는 파티가 양로원 라운지에서 열릴 예정이었다. 시장도 초대되었고 지역 신문들도 취재하려 몰려들었다. 그런데 정작 이 잔치의 주인공인 알란은 자기 방 창문을 넘어 사라진다. 자유분방한 알란은 양로원에 앉아서 죽는다는 것을 받아들일 수 없었던 것이다.

그는 목적지 없는 여행을 시작하고, 버스터미널에서 돈 가방을 차지하면서 악인들에게 쫓기는 신세가 된다. 이런 도망자 인생으로 겪게 되는 이야기와 더불어 소설을 이끌어 가는 또 하나의 줄거리가 있는데, 그것은 알란이 100세 동안 살아오면서 뜻하지 않게 겪어야 했던 파란만장한 이야기들이다.

알란은 기막혔던 자신의 삶을 회상한다.

불우한 환경에서 자라난 알란은 가난해서 학교를 제대로 다니지 못했지만, 폭탄 만드는 기술이 뛰어났고 그 폭탄 제조 기술 때문에 여러 역사적인 인물을 만났다. 윈스턴 처칠이 이란을 방문했을 때 암살 음모에서 구해주었고, 스페인 내전에서 프랑코 장군의 목숨을 구했다. 중국 마오쩌둥의 아내를 위기에서 건져냈고, 소련의 스탈린에게 밉보여 블라디보스토크로 노역을 갔다가 북한으로 탈출해 김일성과 어린 김정일을 만나기도 했으며, 미국 대통령 레이건과도 만났다.

특히 원자폭탄 개발의 핵심이었던 오펜하이머 등과 함께 일하면서 원자폭탄 제조의 단초를 제공하기도 했다. 심지어는 이중 스파이 노릇도 하면서 근대사의 주요 현장에 서게 된다. 그는 아무런 정치적 의도가 없었지만 이렇듯 역사의 소용돌이 속에서 살았다.

알란의 어머니는 알란에게 "아무리 발버둥을 쳐도 결국 삶이란 건 흘러가기 마련"이라며 "렛잇비!"(Let it be) 그저 흘러가는 대로 흘러가라고 한다. 알란은 어머니의 말대로 흘러 흘러 여기저기 관여하면서 살았다.

말년에 알란은 양로원에서 그저 한가롭고 무료한 시간을 보내고 있었는데, 마치 살아 있다는 것을 증명이라도 하듯 창문을 넘어 탈주를 감행한 것이다.

소설의 제목이 《창문 넘어 도망친 100세 노인》이다. '창문'은 정상적인 문이 아니다. 창문을 드나드는 것은 공기, 빛 그리고 시선이다. 그런데 100세 노인 알란은 로미오와 줄리엣이 문이 아닌 창가에서 사랑을 나눈 것처럼 문이 아니라 창문을 통해 밖으로 나간다. 그래서 '창문으로 나간'이 아니라 '창문으로 도망친' 노인이다.

그러면 '넘어'라는 말은 무엇을 의미할까? 극복을 표현하는 말이 바로 '넘어'다. 창문은 보통 허리 높이 정도에 있어 힘들게 넘어야 한다. 일종의 장벽이다. 그러니 창문을 통해 밖으로 나갔다면 장애물을 극복하고 나갔다는 의미가 된다. 작가는 알란이 창문을 넘는 순간 자기 앞에 존재하던 모든 장벽과 사회적 시선을 극복했다는 것을 말하고 싶었을 것이다.

'100세 노인'을 보자. 이렇게 창문 너머로 도망친 사람이 바로 100세 노인이다. 알란에게 '100세' 그리고 '노인'이라는 호칭은 그저 자신이 하고 싶은 일을 하지 못하게 하는 장애물이자 고정 관념의 상징일 뿐이다. 그는 '100세나 된 노인이니 이러저러할 것이다'라는 사회적 고정 인식을 극복하고 유쾌한 모험을 위해 세상에 뛰어든 것이다.

확실한 꼴통인 이 할배는 산전수전 공중전을 모두 겪은 유쾌 상쾌 통쾌한 할배다. 어떤 굴레도 그를 막을 수가 없었다.

아름다운 노익장, 복된 노년

레오나르도 다빈치는 "지금까지 인생의 가장 큰 업적이 무엇이냐?"라는 질문에 "레오나르도 다빈치!"라고 대답했다고 한다. 요나스 요나손도 그런 류의 말을 했다. 그는 48세에 첫 작품 《창문 넘어 도망친 100세 노인》을 저술하여 세계적 베스트셀러의 영예를 안게 되었다. 이 작품이 출간되었을 때 저명한 문학 에이전시에서 그에게 물었다.

"이 소설은 범죄 소설 혹은 모험 소설 중 어느 장르로 봐야 할까요?"

그는 이렇게 대답했다.

"요나스 요나손식 소설입니다!"

작품의 주제만큼이나 당당하고 여유가 넘친다.

이른 꽃도 아름답고 늦은 꽃도 아름답다. 그래서 나태주 시인은 〈풀꽃·3〉이라는 짧은 시에서 이렇게 읊조렸다.

기죽지 말고 살아봐
꽃 피워봐
참 좋아.[36]

샌더스 대령은 66세에 켄터키 프라이드 치킨 사업을 시작했다. 페루의 윌리엄 윌리스는 69세에 돛단배를 타고 태평양을 횡

단했다. 괴테는 80세에 《파우스트》를 완성했다. 샤갈은 91세에 마지막 대표작을 완성했다. 현대 경영학의 아버지 피터 드러커는 93세에 경영학 이론을 세웠다. 그 외 헤아릴 수 없는 노익장들의 이야기가 들꽃처럼 많다.

특히 성경에는 참 유쾌 상쾌 통쾌한 할배 할매들의 이야기가 많이 등장한다.

아브라함은 100세에 하나님께서 약속하신 아들 이삭을 안아보았다. 모세는 80세에 이스라엘 민족을 이끌고 출애굽 하는 사명을 감당했다. 갈렙은 85세에 "이 산지를 주소서"라고 외치며 미완성 과업을 향한 인생의 도전을 시작했다. 안나는 85세에 중보 기도를 통해 메시아의 오는 길을 예비했다. 사도 요한은 90세에 밧모섬에서 요한계시록의 비전을 받았다. 그리고 시므온 할아버지가 있다.

시므온의 영광스러운 고백을 듣기 전에 존 콜트레인(John William Coltrane)의 이야기를 해보자. 영성학자 오스 기니스의 저서 《소명》에는 '재즈의 성인(聖人)'이라 불리는 미국 재즈 색소폰 연주자 존 콜트레인의 이야기가 나온다.

> "콜트레인이 매우 뛰어난 솜씨로 이 곡을 연주한 다음 무대에서 내려와 색소폰을 내려놓더니 '눈크 디미티스'(Nunc dimittis)란 말 한마디만 했다."[37]

존 콜트레인은 한때 마약에 취해 살다가 죽을 뻔했고, 마약과 술을 끊고 하나님 안에서 새로운 삶을 살았다. 그의 인생 최고의 연주는 대부분 그가 회심한 이후에 이루어졌다. 한번은 그가 온 힘을 집중해 32분간 '사랑'(A Love Supreme)을 연주한 후 이런 한마디 고백을 하였다.

"눈크 디미티스(Nunc Dimittis)!"

이 말은 시므온 할아버지가 이 땅에 오신 하나님의 아들 예수님을 끌어안고 드린 축복 기도를 라틴어로 옮겨놓은 것의 첫 두 단어다.

> 시므온이 아기를 안고 하나님을 찬송하여 이르되 주재여 이제는 말씀하신 대로 종을 평안히 놓아주시는도다 내 눈이 주의 구원을 보았사오니 ──── 눅 2:28-30

시므온은 늘 성전에 올라와 식민지 생활을 하는 이스라엘을 위해 기도하던 사람이었다. 그는 성령의 감동을 따라 메시아를 보기 전에는 죽지 않을 것이라는 약속을 받았다. 그가 마침내 아기 예수님을 보게 된 것이다. 그러자 시므온은 "주재여, 이제는 종을 평안히 놓아주시는군요" 하며 아기 예수님을 마음껏 축복하였다. 콜트레인은 그의 모든 영혼을 쏟은 최고의 연주를 한 후 똑같이 고백한 것이다.

"눈크 디미티스!"

"이제야 편히 놓아주시는군요!"

온 영혼을 바쳐 사명을 다한 사람이 드리는 영광스러운 고백이다.

세상은 불공평해도 세월은 공평하다. 늙는 것처럼 쉬운 일은 없다. 가장 어려운 것은 아름답게 늙어가는 것이다. 생명보다 소중한 진리를 발견한 사람은 복이 있다. 그 길을 온 영혼을 바쳐 달려간 사람의 마지막 고백, '눈크 디미티스!'

이런 고백을 할 수 있는 할아버지 할머니는 진정 유쾌 상쾌 통쾌한 복된 존재다. 젊음은 아름답지만, 하나님의 뜻을 좇아 살아왔던 노년은 찬란하다.

나는 선한 싸움을 싸우고 나의 달려갈 길을 마치고 믿음을 지켰으니 이제 후로는 나를 위하여 의의 면류관이 예비되었으므로 주 곧 의로우신 재판장이 그날에 내게 주실 것이며 내게만 아니라 주의 나타나심을 사모하는 모든 자에게도니라 ____ 딤후 4:7,8

황인숙 | **말의 힘**

좋은 말 믿음의 말부터 시작하면 된다

기분 좋은 말을 생각해보자.
파랗다. 하얗다. 깨끗하다. 싱그럽다.
신선하다. 짜릿하다. 후련하다.
기분 좋은 말을 소리내보자.
시원하다. 달콤하다. 아늑하다. 아이스크림.
얼음. 바람. 아아아. 사랑하는. 소중한. 달린다.
비!
머릿속에 가득한 기분 좋은
느낌표를 밟아보자.
느낌표들을 밟아보자. 만져보자. 핥아보자.
깨물어보자. 맞아보자. 터뜨려보자![38]

시인의 말은 종달새의 날갯짓처럼 가볍고 자유롭고 발랄하다. 울적할 때 이 시를 읽으면 비 맞은 풀잎처럼 파랗게 살아나는 것 같다. 상큼하고 싱그러운 맛이 입가에 맴돈다.

시들어가던 것들을 단번에 환하게 만들어버리는 말의 힘.

시인이 기분 좋은 말이라고 했던 말들을 따라 해보자.

'파랗다'라는 말을 하니 파란 하늘, 파란 바다, 파란 풍선, 파란 물감, 파란 우산, 파란 지붕, 그 지붕 아래 살고 있는 파란 사랑이 떠오른다.

'싱그럽다'라는 말을 하니 싱그러운 새벽, 싱그러운 미소, 싱그러운 몸짓, 싱그러운 풀잎, 싱그러운 들길, 싱그러운 바람이 솟아난다.

마음이 말이 되고, 말은 내가 된다

말은 소통을 위한 도구에만 머물지는 않는다. 독일의 철학자 마르틴 하이데거가 말했듯이 '언어는 존재의 집'이다.

거미가 자신의 몸에서 나오는 거미줄로 집을 짓고 살 듯이, 사람은 자신의 입에서 나오는 말로 존재의 집을 짓고 그 속에서 살아간다. 그리하여 사람은 자기의 마음이 담긴 말을 한다. 따뜻한 마음을 가진 사람은 따뜻한 말을 하고 부정적인 생각을 가진 사람은 부정적인 말을 한다.

'아름다운 말'이 '아름다운 마음'을 불러온다. 따라서 아름다워지려면 아름다운 말부터 시작해야 한다. 삶의 승리를 위해서는 무엇보다도 말의 습관을 바꾸어야 한다.

어느 높이뛰기 육상 코치는 선수들에게 늘 이렇게 권면한다고 한다.

"마음부터 넘겨라!"

몸이 넘기 전에 마음이 먼저 넘어야 한다. 그런데 마음도 넘기가 어려울 때가 있다. 이때는 말부터 넘겨야 한다.

말에는 사람을 살리는 힘이 있고 죽이는 힘이 있다. 흥하게 하는 힘이 있고 망하게 하는 힘이 있다. 일을 되게 하는 힘이 있고 안 되게 하는 힘이 있다. 그리하여 말은 꽃인 동시에 칼이다. 말은 사용하는 사람에 따라 꽃향기가 되기도 하고 새의 노래가 되기도 하고 뱀의 유혹이 되기도 하고 소매 속에 숨긴 비수가 되기도 한다.

더 나아가 말에는 창조, 구원, 치유의 능력이 있으며, 새로운 존재로 바꾸어주는 변화의 능력이 있다. 무엇보다도 말에는 예언적 능력이 있다. 말에는 씨가 있어 '말씨'라고 한다. 어제 뿌린 말의 씨앗이 오늘의 나를 만들고, 오늘 뿌린 말의 씨앗이 내일의 나를 만든다.

그렇다. 사람은 산에 걸려 넘어지지 않는다. 발밑의 작은 돌부리 때문에 넘어진다. 마찬가지다. 큰 슬픔을 이기게 하는 것은 슬픔만큼 동일한 크기의 기쁨이 아니라 작고 진실하고 따뜻한 말이다. 이런 말들을 들으면 살아나기 시작한다. 인생은 작은 것들로 이루어졌다. 큰 업적이나 커다란 희생이 아니라 작은 미소와 즐거운 말들이 우리의 인생을 아름다움으로 채워준다.

시인이 말한 '기분 좋은' 말들을 말해보고 적어보자.
시원하다. 달콤하다. 아늑하다. 아이스크림. 얼음. 바람. 아아아. 사랑하는. 소중한. 달린다. 비!
아침마다 점심마다 저녁마다 기분 좋은 말을 생각해보자. 아니, 크게 소리쳐보자.
파랗다. 하얗다. 깨끗하다. 싱그럽다. 신선하다. 짜릿하다. 후련하다.
시인은 자신이 불러준 기분 좋은 말들을 "밟아보자" "만져보자" "핥아보자" "깨물어보자" "맞아보자" "터뜨려보자" 한다. 좋은 말들을 몸으로 깊이 체득하라고 한 것이다. 좋은 말이 입에 붙으면 마음에도 붙고 삶에도 붙는다.

아름답고 선한 말의 씨를 뿌리자
성도들은 생명과 행복을 주는 믿음의 말을 하여 사람을 살리는 존재다. 사람을 살리는 말을 해보자.
"당신이 있어 행복합니다."
"축복합니다."
"사랑합니다."

"괜찮아요."

"하나님이 함께하시니 잘될 겁니다."

긴 고난 속에 있는 우리는 가끔 만나야 하는 상황, 혹은 만나지 못할 상황이 많다. 이런 가운데 서먹서먹한 가족 친지, 소원한 친구들에게 무엇부터 해야 할지 막막할 때가 있다. 그때는 믿음의 말, 소망의 말, 사랑의 말부터 시작하자. 만나지 못하면 이 아름다운 말들을 편지에, 전화에, 문자 메시지에 담아 보내면 된다.

믿음의 말은 믿음의 씨를 심어주고, 소망의 말은 소망을 꽃피우고, 사랑의 말은 사랑의 열매를 맺게 한다.

오직 덕을 세우는 데 소용되는 대로 선한 말을 하여 듣는 자들에게 은혜를 끼치게 하라 ____ 엡 4:29

비스와바 쉼보르스카 | **두 번은 없다**

한 번이기에
오늘이 아름답다

두 번은 없다. 지금도 그렇고
앞으로도 그럴 것이다. 그러므로 우리는
아무런 연습 없이 태어나서
아무런 훈련 없이 죽는다.

(중략)

반복되는 하루는 단 한 번도 없다.
두 번의 똑같은 밤도 없고,
두 번의 한결같은 입맞춤도 없고,
두 번의 동일한 눈빛도 없다.

(중략)

너는 존재한다 - 그러므로 사라질 것이다
너는 사라진다 - 그러므로 아름답다[39]

(후략)

'현대시의 모차르트'라고 극찬을 받는 비스와바 쉼보르스카(Wislawa Szymborska)의 시 〈두 번은 없다〉 중 일부이다. 그녀는 1996년 노벨문학상을 수상한 폴란드 시인이다.

패자 부활전이라든가 '삼세번'이라는 말도 있지만, 두 번 다시 오지 않는 것들이 있다. 단 한 번이기에 아름다운 것이 있다.

우리가 죽음을 면할 수 없다는 사실을 깨달을 때, 다시 말해 한 번밖에 살 수 없다는 것을 알 때 우리는 만물을 영속할 소유물로 집착하지 않으며 그 아름다움을 감상할 수 있게 된다. 조금이나마 무욕(無慾)을 배운다.

벚꽃은 절정의 순간에 이미 마지막을 예감한다. 그리하여 꽃은 낙화(落花) 할 줄을 알면서도 황홀하게 눈 맞출 때가 가장 아름답다. 낙엽과 비와 별똥별이 아름다운 것은 단 한 번의 인생이 끝나서 이제 떨어질 줄 뻔히 알면서도 장엄하게 허공에 매달린 존재의 열정 때문이다.

사람들은 생방송을 좋아한다. 진짜이기 때문이다. 되돌릴 수도 없고 가짜가 끼어들 여지가 없기 때문이다. 올림픽이나 월드컵 때 잠도 자지 않고 생중계를 보려고 하는 것도 진짜를 놓치기 싫어서다. 그때 그 순간에만 느낄 수 있는 아우라(Aura)와 감동을 맛보고 싶기 때문이다.

인생은 단 한 번뿐인 생방송

우리 인생도 그렇다. 늘 생방송 '라이브'다. 가짜가 있을 수 없고 편집이 있을 수 없다. NG가 있어도 되돌리지 못하고 그냥 계속 가야만 한다. 불교의 윤회론(輪回論)은 다음 세상에서 또 한 번의 삶을 말한다. 옳지 않다. 성경은 사람의 일생이 '단 한 번' 주어짐을 말한다. 그리고 그 한 번의 삶을 마치고 나면 결산을 받게 되어 있음을 말한다.

> 한 번 죽는 것은 사람에게 정해진 것이요 그 후에는 심판이 있으리니
> ____ 히 9:27

그러므로 '신앙인으로 산다'라는 것은 두 번 살지 않는 마음으로 오늘을 사는 것이다. 그것이 하루이든, 사람이든, 일이든 두 번 오지 않음을 알고, 최상으로 오늘의 풍경과 오늘의 만남을 맞이하는 삶이다.

"헛되이 보낸 오늘은 어제 죽어간 이들이 그토록 살고 싶어

하던 내일"이라는 소포클레스의 경구가 있다.

'오늘'은 우리의 남은 인생에서 가장 젊은 날이다. 최선을 다한 '오늘'이 차곡히 쌓이면 빛나는 '내일'이 된다. 내일의 모든 꽃은 오늘의 씨앗에 근거한 것이다. 오늘을 즐겁게 지낸 사람이 내일도 즐거운 하루를 맞을 수 있다. 과거는 바꿀 수 없지만, 내일은 오늘을 통하여 바꿀 수 있다.

하버드 대학에서 긍정심리학 강의로 유명한 탈 벤 샤하르 교수는 미래의 보상을 위해서 현재의 고통을 참아내야 한다는 삶의 태도를 '맛없는 음식'으로 비유했다. 지금 당장 맛은 없지만 훗날 몸에 좋기 때문에 꾹 참고 먹는 음식이라는 것이다.

내일도 없이 오직 오늘의 쾌락을 위해 정크푸드를 마구 먹는 인생은 두말할 것도 없이 미련한 인생이다. 그러나 내일을 위해 오늘을 너무 죽이는 것은 반쪽의 행복이다. 찬란한 미래를 위한 오늘이 아니라, 찬란한 오늘을 살아 그것을 미래로 이어가기 위한 오늘!

물론 장기적인 꿈과 비전이 필요하다. 그러나 비전과 꿈도 '지금 여기'에서 출발한다. 위대한 상상력도 지금 발을 딛고 서 있는 여기의 구체적인 현실에서 발아되기 시작한다.

하나님은 오늘의 중요성과 오늘의 행복과 오늘의 헌신을 얼마나 강조하시는지 모른다. 지금 내가 앉은 자리가 꽃자리이고 지금 만나는 사람이 꽃사람이다.

보라 지금은 은혜받을 만한 때요 보라 지금은 구원의 날이로다
____ 고후 6:2

그러기에 오늘 만난 당신이 소중하다. 오늘 바라본 하늘이 소중하다. 오늘의 풍경은 되돌릴 수 없는 마지막 풍경이다.

삶의 마지막 순간에 하나님께 하늘과 별과 달 그리고 바다, 또한 사랑하는 사람들을 마지막으로 한 번만 더 볼 수 있게 해 달라고 기도하지 말자. 지금 그들을 보러 가자. 오늘 그의 이름을 불러주자. 그리고 회개할 일이 있으면 오늘 하자. 사과할 일이 있으면 오늘 하자. 오늘에 황홀하게 취하자.

우리는 지금 존재한다. 그러므로 사라질 것이다.

우리는 사라진다. 그러므로 아름답다.

두 번의 삶을 살지 않기에,

최선을 다한 오늘이 소중하고 아름답다.

파트리크 쥐스킨트 | 문학의 건망증

평상시의 경건이
위기를 극복하는 힘이다

세계적인 베스트셀러 《좀머씨 이야기》의 저자 파트리크 쥐스킨트는 영화로도 만들어진 명작 《향수》의 원작자이기도 하다. 특히 그가 저술한 희곡 《콘트라베이스》는 한 예술가의 고뇌를 그린 남성 모노드라마로, 그는 그 작품으로 우리 시대 최고의 작가 중 하나라는 극찬을 받는다. 그러나 그는 상 받는 것도 마다하고 인터뷰도 거절하는 기이한 은둔형 작가다.

독창적인 소재를 짧고 간결한 문장을 통해 여운을 던지는 그의 글을 읽노라면 마치 블랙홀에 빨려드는 듯 손을 뗄 수 없다. 특히나 그의 글은 결말이 유머러스하고 황당한 것이 많고 예상 밖이다. 그의 작품이 좋아서 구할 수 있는 것은 모두 읽었다. 그렇다면 그의 작품 중에 무슨 문장이 가장 기억에 남고 감동적이었는가?

"잘 모르겠다!"

'잘 모르겠다'라는 말이 지금 이 글의 주제다. 쥐스킨트 자신도 "다른 사람의 작품을 읽었을 때 무엇이 기억나는가?"라고 물을 때 잘 모르겠다고 한다. 그렇다면 왜 읽는 것인가?

우리는 독서를 할 때 종종 이런 생각을 한다.

"책을 읽어도 금방 잊어버리는데 읽으면 무엇 하나?"

사실 그렇다. 어제 읽은 책도 그 내용이 가물가물할 경우가 많다. 잊지 않으려고 밑줄을 긋고 형광펜으로 색칠을 해도 소용이 없다. 엊그제 읽은 책도 그러니 옛날에 읽은 책은 말할 필요도 없다. 그럼에도 불구하고 우리는 왜 또 책을 읽는가? 이것이 〈문학의 건망증〉의 주제다.

쥐스킨트의 말을 직접 들어보자.

"조금만 시간이 흘러도 기억의 그림자조차 남아 있지 않다는 것을 안다면 도대체 왜 글을 읽는단 말인가? 도대체 무엇 때문에 지금 들고 있는 것과 같은 책을 한 번 더 읽는단 말인가?"[40]

우리는 이 질문을 던지면서도 또 책을 읽는다. 특히 쥐스킨트는 글을 쓸 때는 정작 자신이 읽은 책의 제목이나 저자, 심지어는 내용까지도 생각나지 않는 경우가 많다고 한다. 세계적인 작가가 이 정도니 우리는 말할 필요가 있을까.

시간이 흘러 기억 속에 아무것도 남아 있지 않다면 무엇 때문에 책을 읽을 것인가?

그런데 이런 질문은 마치 "언젠가는 죽는다면 무엇 때문에 사는 것인가?"라는 물음처럼 어리석은 일이다. 잊혀지는 듯한 독서는 분명 큰 울림으로 우리 마음속에 자리한다.

책을 읽는 순간, 꽃 같은 문장을 발견했을 때의 기쁨이 있다. 그 문장이 잊힐지라도 의식의 밑바닥에 앉아 있다가, 어느 순간 나비처럼 춤추듯이 우리 삶의 현장으로 날아 올 수도 있고, 우리의 삶을 밀어 올리는 경우가 있다. 쥐스킨트는 독서의 이러한 마력에 대해 말한다.

"독서는 서서히 스며드는 활동일 수 있다. 의식 깊이 빨려들기는 하지만, 눈에 띄지 않게 서서히 용해되기 때문에, 과정을 몸으로 느낄 수 없을지도 모른다. 그러므로 문학의 건망증으로 고생하는 독자는 독서를 통해 변화하면서도, 독서하는 동안 자신이 변하고 있다는 것을 말해줄 수 있는 두뇌의 비판 중추가 함께 변하기 때문에 그것을 깨닫지 못하는 것이다."[41]

책의 내용을 잊어버린 듯해도, 독서하는 과정에서 나도 모르게 서서히 변화되어 가고, 우리가 읽은 책들은 의식의 수면 아래에서 삶의 듬직한 토대가 되어준다는 것이다.

'하루'는 약하지만 '매일'은 강하다

사막지대에서 선교하시는 어느 선교사님의 간증이다.

풀 한 포기 없는 지대에 선교사님의 집이 있었다고 한다. 그러던 어느 날, 선교사의 사모님은 부엌 뒤에서 아름다운 꽃이 활짝 핀 것을 보았다. 불모의 지대에 어떻게 꽃이 핀 것일까 생각해보다가 그 이유를 알게 되었다. 사모님은 설거지한 물을 매일 뒤뜰의 같은 장소에 버리셨다고 한다. 늘 같은 장소에 물을 버리자 물기를 먹은 토양이 바뀌었고, 그곳에 씨앗이 날아와서 기적 같은 꽃이 핀 것이었다.

콩나물시루에 물을 부으면 물은 그냥 모두 흘러내린다. 부으면 부은 대로 그 자리에서 물은 모두 아래로 빠져나가 버린다. 아무리 물을 주어도 콩나물시루는 밑 빠진 독처럼 물 한 방울 고이는 법이 없다. 물은 어디론가 다 가버린 것 같다. 그런데 어느새 콩나물은 그 물기로 넉넉히 자란다. 콩나물시루에 빼곡히 자란 콩나물을 보라. 물이 모두 헛되이 흘러내린 줄 알았는데 물은 결코 헛수고를 한 것이 아니었다.

돌아보자. 우리는 10년, 20년, 50년 동안 음식을 먹었다. 무슨 음식을 먹었는지는 구체적으로 기억나지 않는다. 그러나 내가 먹었던 음식이 오늘날 나의 뼈와 살을 이루고 있다.

독서가 그러하다. 책의 내용과 문장이 기억나지 않는다 할지라도 어느덧 독서의 행위 속에서 우리의 지성과 감성은 자라고 있다.

《월든》을 쓴 소로(Henry David Thoreau)의 수많은 은유 중 이런 명구가 있다.

"숲을 산책하고 왔더니 내 키가 나무보다 커졌다"
I took a walk in the woods and came out thar the trees[42]

바로 이것이다.
"하루하루 독서를 하였더니 어느새 내 존자가 어제보다 자라 있다."

신앙은 더욱 그러하다. 평상시에 드리는 예배와 말씀 묵상이 당시에는 은혜스럽지 못한 경우가 있다. 예를 들어, 이웃과의 관계가 깨져 고통스러워서 하나님이 무어라고 달씀하시는가 사모하면서 예배를 드리는데 예배 때 선포되는 하나님의 말씀은 물질에 대한 주제라고 해보자. 그렇다면 깊이 가슴에 와닿지 않을 것이다. 이러한 과정이 반복될 수가 있다. 그러나 하나님의 말씀은 은근히 꾸준히 우리 영혼에 계속 스며든다. 그러다 결정적인 시기에 그때 당시에는 크게 은혜스럽지 못했던 말씀들이 떠올라 우리의 갈 길을 비추어준다.

바로 이것이 신비다. 이렇듯 꾸준히 신앙의 훈련을 쌓아가면 어느덧 산 같은 믿음이 된다. 병균을 이기는 길은 평상시에 면역력을 강화시키는 것이다.

김밥 파는 할머니가 맛집으로 소문나서 1억을 모으는 방법, 코흘리개 소년이 세계적인 축구 선수로 그라운드에 서는 방법, 라면만 끓일 줄 알던 풋내기 주방장이 일류 음식점의 주방장이 되는 법. 그 방법은 한 가지, 매일의 성실한 연습이다.

바다는 물방울이 하나둘씩 모여서, 산은 흙이 모여서 만들어진 것이다. 걸음이 느린 사람도 하루에 한 발자국, 아니 반 발자국씩 꾸준히 걸어가면 어느새 지구를 한 바퀴를 돌아 목적지에 도착한다.

'하루'는 약해 보이지만 하루가 모인 '매일'은 강하다. 하루의 물방울은 미약할지 몰라도 매일의 물방울은 바위를 뚫는다. 기적은 '매일의 연습' 속에 숨어 있다.

마찬가지다. 평상시에 우리가 쌓아온 경건의 연습은 결코 헛된 노력이 아니다. 결정적인 시기에 결정적인 힘을 발휘한다.

> 망령되고 허탄한 신화를 버리고 경건에 이르도록 네 자신을 연단하라 육체의 연단은 약간의 유익이 있으나 경건은 범사에 유익하니 금생과 내생에 약속이 있느니라 ____ 딤전 4:7,8

황지우 | **너를 기다리는 동안**

기다려준 시간은
그가 나를 사랑한 크기

네가 오기로 한 그 자리에

내가 미리 가 너를 기다리는 동안

다가오는 모든 발자국은

내 가슴에 쿵쿵거린다

바스락거리는 나뭇잎 하나도 다 내게 온다

기다려본 적이 있는 사람은 안다

세상에서 기다리는 일처럼 가슴 애리는 일 있을까

네가 오기로 한 그 자리, 내가 미리 와 있는 이곳에서

문을 열고 들어오는 모든 사람이

너였다가

너였다가, 너일 것이었다가

다시 문이 닫힌다
사랑하는 이여
오지 않는 너를 기다리며
마침내 나는 너에게 간다[43]

(후략)

시인의 기다림이 애절하다. 문을 향한 시선은 금방이라도 무너져 내릴 것만 같다. '문을 열고 들어오는 모든 사람이 / 너였다가 / 너였다가, 너일 것이었다가 / 다시 문이 닫히는' 일이 가슴 애리게 반복된다. 이 애태움이 기다림이다. 기다림이란 기다리는 '너'의 '직전'까지 '나'의 마음을 지켜가는 것이다. 그리하여 "너를 기다리는 동안 마침내 너에게 가"는 것이다. 다시 말하여 너를 기다리는 동안에 너를 향해 나의 온 영혼의 초점이 맞추어지는 것이다.

이것이 바로 기다림의 의미다. 기다리면 기다리는 그 대상을 향하여 초점이 맞추어진다. 그 사람만 바라보게 된다. 기다림의 다른 이름이 사랑이다.

출애굽 한 이스라엘 백성은 광야 생활을 하게 된다. 광야의 특징은 단순함, 일상의 반복, 인스턴트같이 즉각적인 응답이 없다는 것이다. 고난의 광야는 기다림을 배우는 곳이다. 기다리면서 하나님만 온전히 바라보는 것을 배우는 곳이 광야였다.

2013년 뉴욕타임스 베스트셀러에 오른 줄리 폴리아노의 《고래가 보고 싶거든》(문학동네, 2014)이라는 그림 동화가 있다. 이 동화에는 고래를 보고 싶어하는 한 아이와, 그에게 들려주는 시 같은 말들이 나온다.

아이는 고래가 보고 싶었다. 창문 너머 푸른 바다 끝에 보이는 저 섬이 고래일까? 아니면 저 구름이 고래일까? 그런데 아이는 때때로 마음이 흔들린다. 분홍빛 장미, 깃발을 나부끼는 배, 우두커니 앉은 신기하게 생긴 펠리컨, 푸르고 작은 벌레, 신기한 구름과 빛나는 태양 등이 아이의 눈길을 사로잡기 때문이다. 그런 아이에게 그림책 속 화자(話者)는 이렇게 말한다.

"고래가 보고 싶니? 그렇다면 의자랑 담요가 있어야 해. 너무 편한 의자는 안 돼. 너무 포근한 담요도 안 돼. 깜빡 잠이 들면 고래가 와도 볼 수 없잖아. 고래는 네가 눈뜰 때까지 기다려 주지 않거든."[44]

그러면서 달콤한 향기를 내며 분홍색으로 물결치는 장미가 눈에 들어와도 모르는 척해야 한다고 한다. 팔락팔락 깃발을 나부끼며 바다 위에 떠가는 배에도, 펠리컨같이 우스꽝스러운 새가 가까이 와도 눈길을 빼앗기면 안 된다고 한다. 꼬물꼬물 나뭇잎을 갉아 먹는 초록 벌레, 하늘에 둥실둥실 떠 있는 멋진 구름, 밝게 빛나는 태양에도 마음을 빼앗겨서는 안 된다고 한다.

고래를 보고 싶으면 오직 바다만 바라보고, 고래만 생각하고, 오직 고래만을 기다리고 기다리고 또 기다려야 한다고 한다.

아이의 시선을 빼앗을 뻔한 포근한 의자, 분홍 장미, 작은 배, 펠리컨, 초록 벌레, 구름, 밝게 빛나는 태양 등은 모두 나쁜 것들이 아니다. 아름답고 긍정적인 존재들이다. 그러나 그것들이 고래는 아니다. 고래를 보고 싶거든 이 모든 것에 마음을 빼앗기지 말고 오직 고래를 기다리고 기다리며 고래에 집중해야 한다. 이것이 바로 사랑이다. 사랑의 다른 이름이 기다림이다.

어거스틴은 《고백록》에서 이런 찬양을 하였다.

"전능하시고 좋으신 하나님, 당신이 우리 개개인을 돌보아 주실 때, 마치 한 사람뿐인 양 돌봐주시고, 또한 모든 사람을 돌보실 때도 꼭 한 사람을 돌보시듯 하십니다."[45]

하나님은 마치 이 세상에 나 한 사람밖에 없는 것처럼 나를 사랑하신다는 것이다. 우리를 이처럼 사랑하시기에 하나님은 기다리고 기다리셨다. 하나님을 떠나 자기가 주인이 되어 살아가고, 온갖 말의 죄, 행동의 죄, 마음의 죄를 짓고 사는 우리를 없애버릴 수도 있었다. 그리고는 새로운 창조를 하실 수도 있었다. 그러나 아이가 장미와 구름과 펠리컨에 마음을 빼앗기지 않고 오직 고래만 바라보듯, 하나님은 우리만 바라보시며 하나님께 돌아오기를 기다리셨다. 수많은 선지자를 보내시고, 마침내 독생자 예수님까지 보내주시면서 우리를 사랑하셨다. 하나님의 오래 참으심, 기다려주심이 없었으면 우리는 모두 소돔과 고모라같이 멸망했을 것이다.

사랑으로 기다리고, 기다림으로 완성한다
다시 말해보자. 사랑의 다른 이름이 기다림이다. 기다려준 시간은 그가 나를 사랑한 크기였다.
하나님이 오래 기다리심으로 우리를 사랑하셨듯이, 우리 또한 기다림의 과정을 통해 하나님만 바라보고 그 사랑이 깊어지게 된다. 기다림을 통해 하나님을 바라보며 자신을 완성해간 대표적인 사람이 다윗이다.

> 내가 여호와를 기다리고 기다렸더니 귀를 기울이사 나의 부르짖음을 들으셨도다 —— 시 40:1

사울 왕에게 쫓겨 광야 생활을 하며 다윗은 철저하게 기다림을 배웠다. 광야를 벗어나는 신박한 다른 방법이 없었다. 신비로운 기적도 없었고, 오직 기다림을 통해 하나님을 바라보는 법을 배우며 광야를 벗어났다. '기다림' 자체가 다윗을 연단하는 하나님의 훈련 방법이었다.

로마의 박해가 심해지자 초대 교회 성도들은 지위, 재산, 신분 등을 모두 포기하고 지하 공동묘지인 카타콤(Catacombs)으로 들어갔다. 이 어둡고 답답한 지하 동굴 무덤에서 무려 300여 년 동안 살면서 하나님이 회복시켜주시는 날을 끝없이 기다렸다. 말이 300년이지 평균 수명이 60이던 시대적 상황을 고려한다면 5대째 햇빛을 제대로 보지 못하고 지하 생활을 했다는 의미다. 물론 바깥으로 나오는 경우도 있었을 것이다. 그러나 잠시 동안이다.

초대 교회 성도들은 지하 무덤에서 하나님의 회복을 기다리고 기다렸다. 카타콤의 성도들은 벽면에 자기들을 닮은 수염조차 없는 예수를 그렸다. 수염조차 제대로 자라지 못하는 환경에서도 하나님의 나라를 기다린 것이다. 그뿐 아니라 사슴 형상들을 그려 넣었다. 하나님을 목마른 사슴처럼 사모한다는 신앙고백이었다. 뿐만이 아니다. 마음에 깊은 울림을 주는 글귀를 새겨 넣었다.

"우리는 서로 사랑하므로 천국을 경험합니다."[46]

"우리가 가진 것은 없습니다. 우리는 고통에 시달리고 있습니다. 그러나 우리는 이곳을 떠나지 않을 것입니다. 왜냐하면 우리에겐 사랑할 사람들이 있기 때문입니다."[47]

어둡고 습기 찬 지하 감옥 동굴 속에서 그들은 천국을 경험했다. 서로 사랑했기 때문이다. 그 적은 수의 초대 교회 성도들이 당시 세계 속에 충격을 주고 영향력을 끼칠 스 있었던 비밀이 여기 있었다. 그들은 하나님의 나라를 기다렸다. 그리고 그 기다림 속에 주님이 주신 뜨거운 마음으로 서로 위로하며 사랑했다. 우리가 카타콤 성도들의 이 기다림과 사랑을 회복할 수 있다면 이 시대의 역사는 달라질 것이다.

세상에 감동을 주는 것들은 모두 세월을 금삭혀 만든 기다림의 작품들이다. 좋은 것은 기다림을 통해서, 더 좋은 것은 더 긴 기다림을 통해서 만들어진다. 세상에는 눈물과 기다림 없이 벙그는 꽃이 없고, 아픔 없이 영그는 열매가 없다. 죽은 듯 멈춰있던 애벌레가 기다림 끝에 하늘을 나는 나비가 된다. 항아리는 금방 만들지만, 청자를 만들려면 오래 걸린다. 하나님이 작은 그릇 만들 때는 금방 만드시지만, 큰 그릇 만들 때는 오랜 시간을 소요하신다.

아멘. 아멘. 기다림은 결코 낭비가 아니다. 기다림은 멈춰진 시간이 아니다. 팽이를 보라. 팽이가 강하게 돌 때는 마치 정지된 것처럼 보인다. 하지만 그 안의 역동성은 최고조에 달해 있다. 달리기 선수가 출발선에서 준비하고 있을 때 가만히 있는 것같이 보이지만 그렇지 않다. 온 신경이 집중되고 온몸에서 땀이 비 오듯 내린다. 그것을 정지라고 얘기할 수 없다. 힘이 작동

하는 정지 상태, 그것이 기다림이다.

우리는 오늘도 이 고난이 언제 끝날는지 기다린다. 다윗처럼 카타콤의 성도들처럼 예배하고 기도하고 찬양하며 기다리고 기다린다.

고난이 와도 변함없는 믿음으로 주님의 나라를 기다리는 이 기다림은 가장 창조적인 사랑의 시간이다.

사랑의 다른 이름이 기다림이다. 기다림은 기다림의 대상인 그분께 집중하는 시간이다. 그분이 나를 기다려준 시간은 그분이 나를 사랑한 크기다. 내가 그분을 기다린 시간은 내가 그분을 사랑하는 크기다.

이은성 | **소설 동의보감**

꼰대가 아닌
멘토

　서자(庶子) 출신인 허준은 새로운 삶을 위해 어머니를 모시고 고향을 떠나 경남 산청에 이르러 최고의 명의라고 소문난 유의태를 찾아간다. 그곳에서 유의태가 모든 명예를 버리고 병자들을 신실하게 치료하는 모습을 보고 그의 제자가 되기로 결심한다. 허준은 허드렛일을 하면서도 신실하게 행하고 가난한 병자들을 잘 돌보아 스승의 신임을 얻는다. 그러던 중 창녕의 성대감 부인의 중풍을 침술로 치료하는데, 성 대감은 허준에게 감사의 정표로 내의원 추천서를 써주고, 허준은 기뻐 돌아온다. 하지만 유의태는 의원으로서의 순수성을 잃었다면서 추천서를 불태우고 허준을 쫓아낸다.

　실망에 빠져 있던 허준은 내의원에 합격하면 면천(免賤)이 된다는 소식에 최선을 다해 공부한다. 그러나 시험을 보러 가던 중 가난한 병자들을 돌보게 된다. 병자들의 진맥 요청을 다른 의원들은 모두 거절하였으나, 허준은 병자들을 진료하느라 시험을 보지 못한다. 이 소식을 들은 유의태는 허준을 다시 제자로 받아들인다.

유의태는 그의 외아들 도지가 의원의 그릇이 아니라는 것을 알고, 세상적인 욕심과 야망이 가득한 아들 대신 허준에게 의술을 전해준다. 유의태의 아들 도지는 의원으로서의 고귀한 사명보다는 '현실'에 더욱 관심이 많았다. 언젠가 도지가 유의태에게 물었다.

"고금의 의서(醫書)와 의술(醫術)을 모두 통달하고도 의원으로서 더 이상 갖출 것이 있습니까?"

유의태는 짧고 단호하게 말했다.

"사랑이다."

그리고 덧붙여 설명했다.

"병들어 앓는 이를 불쌍히 여기고 동정하는 마음!"

이 말에 도지는 현실적인 항변을 했다.

"위엄 세우지 않고 다정하게 굴면 종당에는 약값을 깎으려 기어 붙는 것이 병자들의 심성올시다."

남편의 말을 듣고 있던 아내 오씨가 거들었다.

"그럼 의원은 흙 파먹고 삽니까?"

그러자 유의태는 성경 말씀 같은 말을 한다.

"의원도 의원 나름. 고을마다 의원을 자처하는 자가 별처럼 깔렸으되 병자를 긍휼히 여기는 의원은 많지 않아."

그렇다. 하나님 말씀 그대로다.

그리스도 안에서 일만 스승이 있으되 아버지는 많지 아니하니 그리스도 예수 안에서 내가 복음으로써 너희를 낳았음이라 ____ 고전 4:15

세상에는 리더라고 자칭하는 사람이 수없이 많지만, 아비의 심정을 가진 참 리더는 드물다.

이윽고 유의태는 반위, 즉 위암에 걸려 죽으면서 허준을 얼음골로 불러 자신의 몸을 해부하라는 유언을 남긴다. 허준은 스승의 시신과 그 옆에 남겨진 유서를 보게 된다.

"나의 문도 허준이가 세상의 어떤 병고도 마침내 구원할 만병통치의 의원이 되기를 빌며 병든 몸이나마 너 허준에게 주노라 … 내 몸이 썩기 전에 지금 곧 내 몸을 가르고 살을 찢어 사람의 오장과 육부의 생김새와 그 기능을 똑똑히 보고 확인하고 사람의 몸속에 퍼진 삼백예순다섯 마디의 뼈가 얽히는 이치와 머리와 손끝과 발끝까지 퍼진 열두 경락과 요소를 살펴어 그로써 네 정진의 계기로 삼기를 바라노라."[48]

인체의 해부가 국법으로 금지돼 있던 시절, 자신의 몸을 내준 스승 앞에 허준은 의원의 길에 게으르거나, 이를 빙자해 돈이나 명예를 탐하지 않기로 맹세한 다음, 스승의 시신을 칼로 가른다.

의술로 백성들을 진정으로 섬기고자 했던 푸른 스승과 푸른 제자의 이야기다. 이 이야기는 물론 소설가가 그려낸 상상이지만 '사실'보다 더 큰 감동을 준다.

허준은 이듬해에 내의원에 장원으로 합격하고, 16년간의 노력 끝에 우리나라 고유의 의술서 《동의보감》을 저술한다. 《동의보감》은 당시의 모든 의학 지식을 망라한 백과사전식 의학서로, 일본과 중국에 전해져 현재까지 귀중한 한방임상의학서의 교본이 되고 있다. 우리나라에서는 2015년 6월 국보로 지정됐고, 2009년 7월에 유네스코 세계기록유산으로 등재됐다. 유네스코에 등재된 193건의 기록물 중 동서양을 통틀어 최초의 의서가 바로 《동의보감》이다.

《동의보감》의 주어는 의사가 아니라 환자다. 즉 전문가인 의사만 읽을 수 있는 책이 아니라, 환자가 읽어도 쉽게 알 수 있는 책이다. 병들어 고통받고 있는 백성들에 대한 무한한 애정, 그리고 이 나라의 풀 한 포기까지 사랑했던 마음을 담은 책이다.

'꾼'이 아닌 섬김의 '리더'가 되라

힘과 재능이 있다는 것은 선한 사명을 감당하라는 주님의 사인이다.

'기둥' 같은 사람이란, 홀로 멋지게 '우뚝 선 최고의 존재'가 아니다. 기둥을 잘 보라. 기둥이 혼자 세워져 있으면 폐허다. 기둥이 있음으로 벽이 세워지고 지붕이 얹어질 때, 비로소 기둥에게 존재감이 주어진다. 따라서 기둥 같은 사람이란 이웃을 버티게 해주고 세워주는 섬김의 사람을 의미한다.

'리더'와 '꾼'은 다르다.

아픔을 느껴야 리더가 된다. 아픔 없는 능력은 '꾼'이 되게 하지만, 아픔을 느끼는 능력은 '리더'가 되게 한다.

리더는 이웃의 아픔을 보듬으며 이웃의 삶을 꽃피우게 하고, 꾼은 이웃을 아프게 해서라도 자신의 성공을 추구한다.

리더는 목자 같아서 앞에서 희생하며 이끌고, 꾼은 카우보이처럼 뒤에서 호령하며 몰아간다.

리더는 섬기려 하고, 꾼은 군림하려 한다.

리더는 희망을 주고, 꾼은 겁을 준다.

리더는 짐을 덜어주고, 꾼은 무거운 짐만 떠넘긴다.

리더는 소금같이 자신이 없어지면서 남의 맛을 내주고, 꾼은 설탕같이 자기 맛을 내려 한다.

리더는 멘토이고, 꾼은 꼰대다.

진정한 리더이신 예수님은 자신이 오신 이유와 목적을 이렇게 말씀하셨다.

인자가 온 것은 섬김을 받으려 함이 아니라 도리어 섬기려 하고 자기 목숨을 많은 사람의 대속물로 주려 함이니라 ____ 마 20:28

교회와 나라의 일을 하는 사람들이 '꾼'이 아니라 '리더'가 되기를 늘 기도한다. 우리의 가정, 교회, 그리고 회사, 이 나라와 이 민족에는 이런 섬김의 리더가 필요하다.

셰익스피어 | **베니스의 상인**

그런 친구를 가진 사람은 복이 있나니

　베니스의 상인 안토니오와 절친한 친구 바사니오는 모두 신실한 기독교인이다. 안토니오는 바사니오에게 부탁을 받는다. 포셔라는 아름다운 아가씨에게 청혼하려는데 그 경비를 빌려달라는 것이었다. 안토니오는 친구의 부탁을 흔쾌히 들어준다. 그러나 그의 전 재산은 해상(海上)에 있었으므로, 해상무역을 하는 자신의 상선(商船)들이 싣고 올 자산을 담보로 악덕 고리대금업자인 유대인 샤일록에게 돈을 빌린다.
　그런데 안토니오를 원수로 생각하는 샤일록은 무서운 거래를 제시한다. 만약 안토니오가 시일 내에 돈을 가져오지 못할 경우, 1파운드의 가슴살을 떼어낸다는 조건이다. 친구를 사랑하는 안토니오는 그 무서운 거래에 응하고, 바사니오는 안토니오에게 빌린 돈으로 포서에게 가서 구혼에 성공한다.

그러나 비극이 일어난다. 안토니오의 상선들이 사정상 귀향하지 못하게 되어 돈을 갚을 길이 없게 된 것이다. 이에 샤일록은 저당잡힌 가슴살을 독촉하며 안토니오를 재판정에 세운다.

그때 모든 사정을 전해 들은 지혜로운 여인 포서가 법복을 입고 변호인으로 분장하여 재판장에 나타난다. 포서는 샤일록에게 안토니오에게 살을 떼어내겠다는 주장이 정당하지만 자비를 베풀 것을 간청한다. 그러나 샤일록은 계약서대로 안토니오의 살을 떼어야 한다고 완강히 요구한다. 샤일록의 목표는 돈이 아니라 안토니오의 목숨이었던 것이다. 이에 포서는 그 유명한 변론을 한다.

"계약서에 따르면, 당신은 피 한 방울도 가져갈 수 없습니다. 계약서 문구에는 '1파운드의 살'만 언급되었습니다. 그러니 문구대로 1파운드의 살만 가져가십시오. 그러나 살을 떼어낼 때 기독교인의 피 한 방울이라도 흘리게 되면, 당신의 땅과 재산은 베니스의 법에 의거하여 베니스 정부로 귀속될 것입니다."

이 변론으로 문제가 해결된다. 악한 샤일록은 결국 안토니오를 죽이는 것을 포기하고 돈으로 받아가겠다면서 끝내려 하지만 재판관은 샤일록이 이미 끝까지 살을 받겠다고 주장했다는 것을 상기시킨다. 그리고는 "외국인이 직접 또는 간접적으로 시민의 생명을 위협하면 처벌을 받아야 한다"라는 베니스의 법률을 꺼내서 샤일록을 더욱 궁지에 몰아넣는다. 결국 샤일록은 완전히 패소하여 재산까지 몰수당한다. 그 후 안토니오의 배는 돌아오고, 안토니오와 바사니오, 포셔는 즐겁게 노래하며 집으로 향한다.

《베니스의 상인》에서는 마치 솔로몬의 명판결 같은 포셔의 기막힌 지혜가 햇살같이 빛난다. 그러나 더욱 감동적인 것이 있다. 아무 의심 없이 믿어주고 끝까지 신뢰를 지킨 두 사람의 우정이 바로 그것이다. 안토니오는 살을 떼어내어 죽을지도 모르는 상황에서도 친구 바사니오를 원망하지 않는다. 오히려 친구에게 행복한 삶을 살아갈 것을 당부한다. 바사니오는 재판정에서 안토니오가 빌린 돈의 세 배를 내겠으니 그를 풀어달라고 한다. 이 둘 사이는 거칠 것이 없다. 돈도 심지어는 목숨도.

친구, 든든한 또 하나의 나
함석헌 선생의 시 〈그 사람을 가졌는가〉에서는 우리에게 이런 존재가 있는지를 묻는다.

만 리 길 나서는 길
처자를 내맡기며
맘 놓고 갈만한 사람
그 사람을 그대는 가졌는가

온 세상 다 나를 버려
마음이 외로울 때에도
'저 맘이야' 하고 믿어지는
그 사람을 그대는 가졌는가

탔던 배 꺼지는 시간
구명대 서로 사양하며
"너만은 제발 살아다오" 할
그 사람을 그대는 가졌는가

(중략)

잊지 못할 이 세상을 놓고 떠나려 할 때
"저 하나 있으니" 하며
빙긋이 웃고 눈을 감을
그 사람을 그대는 가졌는가

온 세상의 찬성보다도
"아니" 하고 가만히 머리 흔들 그 한 얼굴 생각에
알뜰한 유혹을 물리치게 되는
그 사람을 그대는 가졌는가[49]

이런 사랑, 이런 우정이 그립다. 함께 있는 것만으로도 기쁜 친구!

진정한 친구란 그 존재만으로도 편안함을 주는 사람이다. 한마디 말도 안 하고 헤어져도 마치 인생에서 최고의 대화를 나눈 것 같은 느낌을 주는 사람이 친구다. 든든한 친구가 있는 한, 기쁨은 두 배가 되고 아픔은 반으로 줄어든다. 때론 친구의 이름을 부르는 것만으로도 진수성찬을 받는 것처럼 든든해진다.

친구를 뜻하는 한자어 '붕우'(朋友)의 '붕'(朋)은 새의 양 날개를, '우'(友)는 사람의 두 손을 뜻한다. 즉 친구란 새에게 두 날개가 있고 사람에게 양 손이 있듯이 서로에게 필수적이고 소중한 존재라는 것이다. 친구는 영화와 팝콘, 철수와 영희, 코스모스와 파란 하늘, 봄밤과 두견새, 여름과 아이스 아메리카노처럼 서로를 빛나게 하는 짝이다. 아니 그 이상이다.

친구는 또 하나의 나다. 그래서 철학자 아리스토텔레스는 "친구란 두 개의 몸에 깃든 하나의 영혼이다"라고 하였다. 친구란 자기 이외의 자기 자신이다. 그래서 내가 친구이고 친구가 곧 나인 것이다.

한 성도님이 담배를 끊게 되었다고 기뻐했다. 축하해주면서 어떻게 가능한 일이었는가 물었다. 그 분은 "친구 때문"이라고 하면서 이런 말을 했다.

"담배 부추기는 친구 옆에 있으면 담배를 피우게 되고, 담배 끊는 것을 도와주는 친구 옆에 있으면 담배를 끊게 됩니다."

친구는 이렇게 좋다. 친구 따라 좋은 곳 가고 친구 따라 나쁜 곳도 간다.

사랑은 눈을 멀게 하지만 우정은 눈을 감아주며 나를 높여준다. 좋은 친구는 나에 관한 많은 것을 알면서도 여전히 변함없는 별과 같이 언제나 그곳에 있다.

진정한 친구를 어떻게 얻을 수 있는가

이렇게 좋은 친구지만 죄성이 가득한 인간 사이는 언제나 깨질 가능성이 있다. 따라서 진정한 친구를 오래 사귀기가 결코 쉽지 않다. 친구를 얻는 데는 오래 걸리지만 잃는 것은 잠시다.

장영희 교수의 《문학의 숲을 거닐다》에는 친구와 관련하여 이런 이야기가 나온다.

"선생님, '인생 성공 단십백'이 뭔지 아세요?"

학생이 물었다.

모른다고 답하자 학생이 말한다.

"한평생 살다가 죽을 때 한 명의 진정한 스승과 열 명의 진정한 친구, 그리고 백 권의 좋은 책을 기억할 수 있다면 성공한 삶이래요."

나는 재빨리 내 삶이 성공인지 실패인지 따져 보았다. 한 명뿐 아니라 운 좋게도 나는 초등학교 때부터 대학까지 훌륭한 스승들을 여럿 만났고, 책 읽는 게 업이니 내가 좋아하는 책을 백 권 아니라 2백 권도 더 댈 수 있다. 그런데 암만 생각해도 '열 명의 진정한 친구'는 좀 무리이다.[50]

인생 성공 단십백(單十百)!
한 명의 진정한 스승, 열 명의 진정한 친구, 백 권의 좋은 책!
이 중에서 가장 어려운 부분은 한 분의 스승, 백 권의 책이 아니라 열 명의 친구를 꼽는 일일 것이다. 그래서 철학자 파스칼은 뒤에서 서로 험담하는, 죄성이 가득한 우리 인생들은 열 명이 아니라 네 명의 친구도 힘들다고 했다.

"만일에 모든 사람이 상대방이 자기에 관해서 이야기한 것을 서로 알게 된다면, 이 세상에는 네 명의 친구도 있을 수가 없을 것이라고 나는 단언한다."

심지어 프랑스 대문호 로망 롤랑은 친구의 수를 한두 명으로 줄인다.

"무수한 사람들 가운데는 나와 뜻을 같이할 사람이 한둘은 있을 것이다. 그것으로 충분하다. 공기를 호흡하는 데는 창문 하나로도 족하다."

이 세상에는 친구라는 이름만큼 흔한 것이 없고, 진솔한 친구만큼 귀한 것도 없다. 그렇다면 참다운 우정은 어떻게 가능한 것일까. 성경에 나오는 다윗과 요나단의 우정 이야기는 우리에게 참된 우정의 본을 보여 준다.

요나단은 사울 왕의 큰아들로 별 탈이 없으면 왕권을 이어받을 인물이었다. 그뿐만 아니라 요나단은 용맹한 용사다. 블레셋과의 전쟁에서 요나단은 자기 병기를 든 소년과 함께 믹마스의 가파른 계곡을 올라가 블레셋군 20명을 쓰러뜨렸다. 이것이 이스라엘 군대의 사기를 북돋아서 커다란 승리를 가져다주었다(삼상 14:6-23). 요나단은 이렇듯 혈통으로나 실력으로나 왕권을 이어받을 인물이었다.

이런 가운데 다윗은 사울 왕의 가장 큰 라이벌이었다. 그렇다면 요나단은 다윗에 대한 경계와 질투심으로 아버지 사울보다 더욱 다윗을 죽이려 할 수도 있었다. 그러나 다윗과 요나단은 아름다운 우정을 나눈다. 기적 같은 일이다.

사실 사울 왕의 눈에 벗어난 다윗은 죽은 목숨과 마찬가지였다. 다윗에게 든든한 배경은 사무엘 선지자였다. 하지만 사무엘은 사울을 떠났고, 왠지 다시 보이지 않았다. 다윗은 바람 앞에 호롱불 같았다. 이때 왕세자 요나단이 다윗을 돕는다. 사울이 다윗을 죽이려 할 때는 다윗을 도와 그의 생명을 구출하기도 한다. 다윗은 요나단과의 우정을 통해 원수 같은 사울 왕을 존중하고 용서할 힘을 얻는다. 또한 하나님나라를 바라볼 수 있는 용기를 얻는다.

    요나단이 다윗을 얼마나 사랑하였는지 눈물겨운 구절이 나온다.

> 다윗에 대한 요나단의 사랑이 그를 다시 맹세하게 하였으니 이는 자기 생명을 사랑함같이 그를 사랑함이었더라 ____ 삼상 20:17

    요나단은 심지어 왕자의 표식인 겉옷과 칼, 그리고 허리띠를 풀어 다윗에게 준다. 그것은 우정을 위해서라면 왕자의 자리까지도 내려놓을 수 있다는 의미일 수도 있다.
    어떻게 이런 우정이 가능할까.

너와 나 사이에 하나님이 계실 때
그들의 우정의 비밀을 보여주는 성경 구절이 있다.

> 너와 내가 말한 일에 대하여는 여호와께서 너와 나 사이에 영원토록 계시느니라 하니라 ____ 삼상 20:23

    그렇다. 다윗과 요나단 사이에는 하나님이 계셨다. 이 고백은 또다시 이어진다.

> 요나단이 다윗에게 이르되 평안히 가라 우리 두 사람이 여호와의 이름으로 맹세하여 이르기를 여호와께서 영원히 나와 너 사이에 계시고 내 자손과 네 자손 사이에 계시리라 하였느니라 하니 다윗은 일어나 떠나고 요나단은 성읍으로 들어가니라 ____ 삼상 20:42

"하나님이 너와 나 사이에 계시고!"

다윗과 요나단은 이 사실을 늘 고백하며 감격했다. 이것이 변치 않는 우정의 비밀이다.

대부분 사기는 친구에게 당한다. 사기당한 사람에게 물어보면 날린 돈보다도 사람을 잃은 것이 아프다고 한다. 몸도 아프고 마음도 아프고 견딜 수 없는 것이 친구에게 배신당할 때다. 더군다나 친구는 내 마음을 준 존재이기에 모르는 사람보다 용서하기가 더 어려울 수도 있다.

언제나 깨질 가능성이 있는 것이 인간관계. 다윗과 요나단은 깨질 가능성이 있는 관계라기보다 아예 가까이할 수 없는 관계였다. 이루어질 수 없는 우정이었다. 그런데도 이런 우정을 나누었다. 그 비결이 바로 이것이다.

"당신과 나 사이에 하나님이 계시고!"

같이 하나님을 바라보면 된다. 같이 하나님의 말씀을 듣고 같이 은혜받으면 된다. 비단 친구 사이뿐만이 아니다. 부부지간도, 부모와 자녀 지간도 마찬가지다. 부부 사이에, 부모와 자녀 사이에 하나님이 계시면 최상의 관계가 된다.

바로 이 진리를 보여주는 또 하나의 성경 구절이 있다.

> 사랑은 … 진리와 함께 기뻐합니다 _____ 고전 13:6 새번역

진실한 사랑과 우정은 진리와 함께한다.

당신과 나 사이에 하나님이, 하나님을 중심으로 나와 당신이! 이렇듯 하나님의 마음과 가치관으로 당신과 내가 함께 맞추어가는 것이 진리와 함께 기뻐하는 사랑이다. 하나님, 당신 그리고 나. 이것이 바로 끊어지지 않는 '세 겹줄 사랑'이다.

> 한 사람이면 패하겠거니와 두 사람이면 맞설 수 있나니 세 겹 줄은 쉽게 끊어지지 아니하느니라 _____ 전 4:12

진리이신 하나님 안에 있을 때 그 사랑과 우정이 가장 안정적이고 아름답다.

맥스 비어봄 | **행복한 위선자**

사랑하고 사랑하면
가면이 진짜 얼굴이 된다

조지 헬(Lord George Hell)이라는 귀족 출신의 악인이 있었다. 그는 험상궂고 난폭했고, 많은 악을 행하면서 얼굴까지 흉하게 변해 있었다. 사람들은 그를 두려워했고 길에서 마주치는 것도 꺼렸다.

그런 그가 어느 날, 오페라타 배우이며 아름답고 순결한 '제니 미어'라는 소녀를 사랑하게 되었다. 조지는 그녀에게 청혼했지만 거절당한다.

"저는 어려서부터 성자의 얼굴을 한 사람과 결혼하고 싶다고 기도했어요."

그것이 이유였다. 조지는 깊이 고민하다가 세상에서 가장 거룩하게 보이는 성자(聖者)의 가면(假面)을 준비했다. 이 가면은 매우 정교해서 조금도 의심할 여지가 없었다. 그의 본디 얼굴을 아는 사람은 가면을 만들어 준 사람과 가면 가게에서 나오다 마주친 옛 여자 친구 '갬보기'뿐이었다.

마침내 조지 헬은 이름도 '천국'이라는 의미의 조지 헤븐(Heaven)으로 바꾸고, 성자의 가면을 쓰고 미어에게 다가가 사랑을 고백하여 결혼한다.

조지는 미어에게 감사한 마음으로 최선을 다했다. 한편으로는 자신의 흉측한 내면과 과거가 탄로 나지 않을까 하는 두려움과 죄책감이 있었다. 그럴수록 그는 진짜 성자처럼 선하게 행동하였다.

그렇게 행복하게 살던 어느 날, 과거에 조지가 사귀었던 여자 친구 갬보기가 나타난다. 그녀는 미어에게 남편은 지금 가면을 쓰고 있는 것이라고 폭로하고는 조지의 가면을 벗겼다. 모든 행복이 깨지는 순간이다.

그런데 이게 웬일인가? 거기에는 험악한 얼굴이 아닌, 가면과 똑같이 인자한 성자의 모습으로 변한 얼굴이 있었다. 조지는 자신의 진짜 얼굴로 사랑하는 아내 미어에게 키스한다.

가면의 괴로움에 들려주는 희망의 약속

누구나 가면을 쓰고 산다. 외로워서 쓰기도 하고, 자신이 원하는 모습이라서 쓰기도 하고, 자신의 참모습을 견딜 수 없어

쓰기도 한다. 때로는 다른 사람들이 원하는 모습이라서 쓰기도 하고, 숨고 싶어 쓰기도 한다. 남을 의심하여 가면을 쓰고, 갑옷까지 두르는 경우도 있다.

판매 직원이라면 아무리 힘들고 지쳐도 고객들 앞에서 '친절'이라는 가면을 써야 하는 경우가 있고, 회사의 리더들은 깊은 고난 속에서도 '의연함'이라는 가면을 쓰고 직원들에게 용기를 주어야 한다. 아니, 마치 때와 장소에 맞는 예복을 입듯이 여러 개의 가면을 준비해서 상황에 따라 바꿔 써야 할 만큼 복잡한 것이 세상이다.

그러기에 힘든데 안 힘든 척, 아파도 안 아픈 척, 불쾌해도 괜찮은 척, 인제 그만하고 싶은데 가면을 쓰고 사는 것이 익숙해 가는 우리다.

하지만 반쪽 진실은 허위보다도 무서운 법.

민낯으로만 살 수 없어 가면을 쓰고 있는 사람은 남도 속이고 자신도 속이고 있다는 괴로움에 늘 고통스럽다. 특히 순수 신앙을 추구하는 신앙인들은 가면을 쓰는 것이 정말 괴롭다.

그렇지만 희망이 여기 있다. 가면을 쓰고 있다 할지라도, 사랑하면 닮는다. 비록 '겉과 속이 살짝 다른 나'를 살고 있지만, 끊임없이 자신의 약함과 죄성을 주님께 고백하고 애통해 하며 주님을 사랑하고 사랑하면, 자신이 쓰고 사는 성자의 얼굴 마스크는 나의 진짜 얼굴이 될 것이다.

그렇다. 사랑하면 악인의 얼굴도 성자의 얼굴로 변해간다.

주님은 이렇게 말씀하신다.

> 그러므로 사랑을 받는 자녀같이 너희는 하나님을 본받는 자가 되고
> ＿＿ 엡 5:1

사람은 가까이하는 것을 닮아간다. 커피를 싼 종이에서는 커피 향이 나고, 산을 가까이한 사람은 산 내음이 난다. 물은 자신을 담고 있는 그릇을 닮고, 국물은 부엌을 닮고, 우물은 마을을 닮는다. 산의 품에 안기면 포용하는 마음이 우러나듯이, 주님을 가까이하면 주님의 마음, 주님의 성품을 닮게 된다.

우리는 아침마다 가면을 쓰고 갑옷까지 입고 세상이라는 전쟁터로 나간다.

그러나 주님은 우리 안의 순수한 마음, 꽃과 시를 보며 경이로움을 느끼는 마음, 무엇보다도 주님을 사랑하여 주님을 닮고 싶은 마음을 잘 아신다.

우리의 꿈이 여기 있다.

처음에는 가면을 쓰고 있는 것 같아서 어색하지만, 날이 갈수록 주님을 사랑하여 진짜 주님의 마음, 주님의 성품으로 닮아가는 꿈.

이자크 디네센 | **바베트의 만찬**

아름다운 낭비가
세상을 변화시킨다

빔 벤더스(Wim Wenders) 감독의 영화 〈베를린 천사의 시〉(Der Himmel über Berlin, 1987)에는 사람이 되고 싶었던 한 천사의 이야기가 나온다. 천사 다미엘은 천사로서 불멸의 생을 살기보다는 인간들이 느끼는 사랑, 기쁨, 아픔을 느껴보고 싶어 한다.

강하게 만류하는 동료 천사를 뒤로한 채 사람이 된 다미엘은 자신의 붉은색 피를 보고 놀라고, 알록달록한 색깔의 벽화를 보고 놀란다. 그리고 처음 맛보는 커피의 맛에 감격한다.

천사가 사람이 되어 맛본 첫 커피의 감동이 어떠했을까. 맛은 감각, 시각, 기억이 어우러진 종합 과학이다. 맛의 5할은 추억이다. 인생에서 최고의 맛은 아름다운 순간의 기억이다.

이자크 디네센의 소설 《바베트의 만찬》(문학동네, 2012)에는 최고의 맛, 최고의 추억이 나온다. 이 소설은 영화와 연극으로도 만들어져서 많은 사람의 사랑을 받았다. 요리가 예술의 차원으로, 웃음과 화해의 방편으로, 심지어는 주의 만찬의 차원으로 승화되는 모습을 보여준다.

폭풍우 몰아치는 날, 바베트라는 행색 초라한 여인이 덴마크의 작은 해안 마을로 오게 된다. 그녀는 프랑스 혁명 중에 가족을 잃고 쫓겨 다니는 중이었다. 그런 바베트를 마르티나와 필리파 자매가 받아주어 같이 살면서 가족처럼 사랑을 베풀어준다.

이들 자매의 아버지는 그 마을에서 모두에게 존경받으며 정신적인 지주 역할을 하던 목사님이었는데 일찍 돌아가셨다. 목사를 청빙할 형편이 안 되었던 이 마을 교회는 점점 어려워지기 시작했다. 교인들 간에 싸움과 불신이 자주 일어났고, 주민들 사이에도 서로 미움이 생겨났다. 그럼에도 자매는 아버지를 대신해 늙은 신도들을 돌보며 조용하고 금욕적인 삶을 살아간다.

바베트는 마을의 이런 아픔을 보면서 12년 동안 그곳에서 살게 된다. 그러던 어느 날, 놀랍게도 복권에 당첨되는데 금액이 무려 1만 프랑으로, 당시 시골 사람들은 평생 만져볼 수도 없는 큰돈이었다. 마을 사람들은 바베트가 그 돈을 가지고 곧 마을을 떠날 것이라고 생각했다.

그 무렵, 돌아가신 목사님의 100번째 생일이 다가왔는데 바베트는 그 돈으로 생일을 기리는 만찬을 차리게 해달라고 자매에게 청한다. 금욕적인 삶을 살던 자매는 사치스럽고 이국적인 프랑스식 만찬에 대한 두려움이 있었지만 바베트의 간청을 받아들이고, 바베트는 만찬에 쓰일 최상의 식재료를 프랑스에서 공수해온다.

초청장을 받은 마을 주민들은 '국수 한 그릇 얻어먹겠지'라는 생각으로 왔다가 거북이 수프를 시작으로 캐비어알, 가재 요리 등 프랑스 파리에서나 볼 수 있는 최고급 요리가 즐비한 만찬에 놀라고 만다. 바베트가 만든 음식은 그 마을에서는 접할 수도 없는 것들이었다. 사실 그녀는 파리에서 최고급 식당의 요리사였다.

이날 초대받은 로벤히엘름 장군은 이 음식들이 자신이 오래전 파리 최고급 레스토랑에서 맛본 음식들과 비견된다고 경의를 표한다. 잔치의 위력이 사람들 사이의 벽을 점차 허물었다. 훌륭한 음식과 음료의 영향으로, 이전에 원수진 마음이 하나둘 서로를 향해 누그러지고, 음식만큼이나 감미로운 말과 소감이 오갔다. 서로 앙숙이던 두 노파는 손을 잡고 같이 노래를 부르며 용서와 화해를 이루었다.

이윽고 필리파가 해맑고 아름다운 목소리로 찬송을 부르자 모두 노래를 들으며 추억에 잠겼다. 그러자 로벤히엘름 장군이 자리에서 일어나 시편 85편을 인용하여 이렇게 말했다.

"은혜와 진리가 하나로 만나고 의와 천국의 기쁨이 입맞추었습니다."

그는 신기하게도 도덕과 기쁨, 윤리와 감각이 어우러질 수 있음을 이번 식사 중에 깨달았다고 말했다.

이로써 죽은 목사의 추도일은 축제로 변해가고, 신비로운 일이 일어난다. 마을 사람들이 바베트의 음식을 나누면서 마음에 있었던 질시와 반목을 내려놓고 화해와 용서를 선택한 것이다. 이런 신비는 두 자매의 아버지가 살아 계실 때 교회의 성찬식 때나 가능했던 일인데 지금 식탁 '음식'에서 재현된 것이다. 바베트의 만찬을 먹던 사람들은 '의와 천국의 기쁨'이 만나는 신비로운 체험을 했다.

절약과 금욕을 미덕으로 하는 청교도 정신에서 보면 그 만찬은 엄청난 낭비다. 그러나 바베트가 베푼 만찬 덕분에, 침울하고 메말랐던 교회 공동체는 활기를 되찾고, 이 불모의 공동체는 여유로움과 나눔과 웃음이 번지는 공동체로 변모하게 되었다. 마을 사람들은 그동안 쌓였던 불신의 벽을 허물고 서로 사랑하기 시작했다. 바베트는 당첨금을 다 썼기 때문에 마을을 떠날 수 없었지만, 그녀의 아름다운 낭비가 마을 사람을 사랑으로 하나 되게 했다.

향기롭고 거룩한 낭비
신약성경에 이런 아름다운 낭비 이야기가 있다.

> 마리아는 지극히 비싼 향유 곧 순전한 나드 한 근을 가져다가 예수의 발에 붓고 자기 머리털로 그의 발을 닦으니 향유 냄새가 집에 가득하더라 ____ 요 12:3

마리아는 소중히 모아왔던 향유 옥합을 깨뜨리고 향유를 모두 부어 예수님의 발을 씻겼다. 성경은 이 향유의 가치가 300데나리온 이상이었다고 기록한다. 당시 평범한 노동자의 일 년 봉급에 해당하는 것이다. 예수님에 대한 사랑이 얼마나 지극했는가를 알 수 있다.

이런 마리아의 행위를 곁에서 지켜보던 가룟 유다는 "왜 그 비싼 향유를 낭비하느냐?"라고 마리아를 꾸짖는다. 유다는 당시 예수님 무리의 돈궤 담당자였다. 그의 말만 놓고 보면 맞는 말처럼 들리기도 했다. 하지만 그는 진심으로 가난한 사람을 생각해서가 아니라, 물질에 대한 탐욕에 사로잡혀 있었기 때문에 그렇게 말한 것이다. 그 돈을 자기가 가지고 싶었던 그는 거짓된 위선을 선한 가슴으로 포장했던 것이다. 유다는 나중에 물질의 노예로 전락하여 대제사장들에게 은화 30냥을 받고 예수님을 팔아넘겼다.

물질에 눈이 어두운 사람들은 물질을 많이 쓰면서 섬기는 사랑의 헌신을 '낭비'라고 한다. 그러나 예수님은 마리아의 행위를 아름답게 보신다. 마리아의 뜨거운 가슴에서 나온 사랑의 헌신을 세속의 계산으로 헤아려서는 안 된다는 것이다. 부모가 자녀에게 일생 사랑의 낭비를 하듯이 참사랑은 사랑으로 낭비한다. 사랑은 계산을 넘어서는 '거룩한 낭비'다.[51] 그리고 그 낭비의 결과는 아름답다.

세상에서 가장 거룩한 낭비는 우리를 위하여 존귀한 아들 예수님을 십자가에 못 박혀 죽게 하신 하나님의 사랑이다. 우리는 그 큰 낭비, 그 큰 사랑을 받은 존재들이다. 그리하여 우리 성도들도 거룩한 낭비 속에서 산다. 세상의 경제 논리와 생산성으로 보면, 주일 예배는 낭비다. 주일 아침에 휴식을 취해야 하는 사람들이 교회에 와서 예배를 드리고 봉사를 한다. 심지어는 주일날도 일해야 할 정도로 시간이 부족한데 예배를 드린다고 한다. 세속의 기준으로 보면 헌금은 또 얼마나 큰 낭비인가.

거룩한 낭비를 하면 자기 자신이 가진 것들을 버리는 듯하다. 그러나 이런 낭비는 소멸이 아니라 생산을 뜻한다. 초가 다 타더라도 다른 것들을 밝히고 있기에 그 초는 결코 자신을 잃은 것이 아니다.

오늘날 우리 주변에는 향유 냄새가 나지 않는다. 신문 방송에는 온갖 추한 소식들투성이다. 좋은 향기가 없다. 왜인가? 하나님 앞에 은혜를 받아 거룩한 낭비를 하는 사람들이 적기 때문에 그렇다. 내가 은혜받는다는 것은 나 혼자만의 문제가 아니다. 가정을 살리고 우리 교회를 살리고 이 사회를 살리는 원동력이 된다.

마리아가 향유를 부었을 때 그 향유 냄새는 주님에게, 그리고 온 집안에, 또한 그 향유를 부었던 마리아 자신에게도 가득했다. 마리아가 거리에 나가면 거리가 향유 냄새로 가득해진다. 마리아가 이웃집에 가면 이웃집이 향유 냄새로 넘친다. 이렇듯 향유 냄새 가득한 사람이 하나둘씩 모이면 사회가 변화된다.

 모두를 향유 냄새 가득하게 만드는 거룩한 낭비가 아름답다.

오스카 와일드 | 행복한 왕자

작고 일시적인 행복과
크고 영원한 행복

    어느 도시의 중앙 높은 곳에 왕자의 동상이 서 있었다. 몸은 금으로 입혔고 두 눈에는 반짝이는 사파이어가, 허리에 찬 칼자루에는 크고 붉은 루비가 박혀 있었다. 사람들은 이 동상을 '행복한 왕자'라고 불렀다.

    어느 늦은 가을밤, 따뜻한 이집트로 날아가던 제비 한 마리가 날아와 왕자의 동상 아래에서 쉬고 있었다. 제비의 머리 위로 물방울이 떨어졌다. 제비는 그것이 동상의 눈에서 흐르는 눈물임을 알았다.

"누구신가요?"

"행복한 왕자란다."

"왕자님, 왜 울고 계세요?"

"내가 궁전에서 살 때는 눈물을 몰랐어. 그런데 내가 죽어 이 높은 곳에서 세상을 보니 불쌍한 사람들이 얼마나 많은지 비로소 알게 되었단다. 지금 내 심장은 납으로 만들어져 있지만 그래도 울지 않을 수가 없어."

왕자는 자신의 발은 받침대에 박혀 있어서 움직일 수가 없다면서 자신의 칼자루에 있는 루비를 빼서 가난한 엄마와 병든 아들이 있는 집에 갖다줄 것을 부탁했다. 제비는 갈 길이 바빴지만 왕자의 따뜻한 부탁을 거절할 수 없었다. 다음 날, 왕자는 또 눈동자에 박혀 있는 사파이어를 가난한 청년 작가에게 주라고 부탁한다.

"왕자님, 그렇게는 못 하겠어요."

제비는 왕자가 불쌍하여 울기 시작했다.

"사랑스런 제비야. 내가 부탁하는 대로 하렴."

결국 제비는 왕자의 한쪽 눈을 뽑아 청년의 다락방으로 날아갔다.

다음날, 작별 인사를 하려는 제비에게 왕자는 또다시 부탁했다. 자신의 하나 남은 눈동자를 가난한 성냥팔이 소녀에게 주라는 것이었다.

왕자의 남은 눈을 소녀에게 전하고 온 제비가 말했다.

"이제 왕자님은 두 눈이 없어졌으니 나는 계속 여기 함께 있을래요."

제비는 왕자의 곁에 남아 다음날부터는 왕자의 부탁에 따라 왕자의 몸에 입혀진 금을 한 조각씩 벗겨 가난한 사람들에게 나누어준다.

이런 일을 하다가 제비는 찬 바람이 불어오는데도 이집트로 날아갈 기회를 놓쳐버리고 왕자 옆에서 얼어 죽는다. 왕자 또한 가난한 사람들에게 자신의 소중한 보석을 다 주어서 고철이 되어버렸다.

사람들은 보기에 안 좋다며 왕자의 동상을 용광로에 넣었는데 참 기이한 일이 일어났다. 다른 것은 다 녹았지만 납으로 된 왕자의 심장만은 녹지 않은 것이다. 사람들은 그 심장과 죽은 제비를 쓰레기 더미에 버렸다.

하나님이 한 천사에게 명하셨다.

"이 도시에서 가장 귀한 것 두 가지를 가져오너라."

그러자 천사는 왕자의 심장과 죽은 제비를 가져오고, 하나님은 잘했다고 칭찬하셨다. 그리고 하나님이 제비에게는 천국에서 영원히 노래 부를 것이고, 왕자에게는 하나님의 황금 도시에서 영원히 기뻐할 것이라고 하신다.

진짜 행복을 알게 된 왕자

왕자 이야기를 더 해보자. 왕자는 상 수시(Sans-Souci) 궁전에서 살았다. '상 수시'란 "근심이 없다"라는 뜻의 프랑스어다. 근심 없는 궁전에서 낮이면 정원에서 친구들과 놀고 저녁이면 큰 회관에서 춤을 추었다. 정원은 높은 담에 둘러싸여 있었고, 왕자는 한 번도 그 너머에 무엇이 있는지 물어볼 생각도 하지 못했다. 주위에 있는 모든 것이 너무나 좋았기 때문이다.

신하들은 그런 왕자를 가리켜 '행복한 왕자'라고 불렀다. 왕자도 그것이 행복인 줄 알았다. 그러나 이런 행복은 작은 행복이다. 일시적인 행복이고, 무너질 수 있는 행복이고, 나만 좋다고 하는 행복이다.

제비 이야기도 더 해보자.

제비는 두 눈에 박혀 있는 보석을 다 내주고 장님이 된 왕자의 곁에 남기로 했다. 제비는 왕자의 어깨에 앉아 그간 낯선 땅에서 본 신기한 것들을 이야기해주었다. 나일 강변에 길게 줄을 이루어 서 있다가 부리로 금붕어를 잡아먹는 붉은 따오기 이야기, 사막에 살면서 세상만큼 나이를 먹어 모르는 것이 없는 스핑크스 이야기, 손에 호박 팔찌를 들고 낙타 옆에서 천천히 걸어가는 상인 이야기, 달의 산에 살면서 흑단처럼 검은 커다란 수정을 좋아하는 왕 이야기, 벌꿀 케이크를 먹으며 야자나무에서 잠을 자는 커다란 녹색 뱀 이야기, 크고 평평한 잎을 타고 커다란 호수 위를 돌아다니며 나비와 전쟁을 벌이는 피그미족 이야기….

장님이 된 왕자를 위로하기 위해 제비는 자신이 겪은 일들을 이야기해주었다. 이 이야기들은 모두가 신기하고 아름답기도 하고 향기롭기도 한 이야기들이다. 그런데 그 이야기를 듣고 있던 왕자는 세상의 신기하고 수려한 이야기들보다 낮고 헐한 백성들의 이야기를 더 듣고 싶어 했다.

근심이 없는 궁전에서 나름 행복하게 살았던 왕자는 죽고 동상이 되어서 가난하고 힘겨운 사람들을 수없이 보게 된다. 그들에게 자신의 몸에 있는 모든 것을 내준다. 그리고는 진짜 행복이 무엇인지 알게 되었다. 이 행복은 큰 행복이고 영원한 행복이며, 빼앗기지 않는 행복이고 모두가 아름다워지는 행복이다. 궁전에서의 행복, 제비가 들려준 신기한 행복들과는 비교할 수 없는 행복이다. 이 행복을 가지게 되자 왕자는 아무리 녹이려 해도 녹일 수 없는 뜨거운 심장이 되었다.

죄악의 낙을 이기는 영원한 행복

구약성경에 이와 같은 '행복한 왕자'가 있었다. 모세다. 모세는 애굽 바로 왕의 공주의 아들이었다. 그러나 그 수려한 옷을 모두 다 벗고 하나님의 백성과 함께 고난을 받는 생명의 길을 선택했다. 하나님은 모세의 이러한 믿음을 아름답게 평가하셨다.

> 믿음으로 모세는 장성하여 바로의 공주의 아들이라 칭함 받기를 거절하고 도리어 하나님의 백성과 함께 고난받기를 잠시 죄악의 낙을 누리는 것보다 더 좋아하고 그리스도를 위하여 받는 수모를 애굽의 모든 보화보다 더 큰 재물로 여겼으니 이는 상 주심을 바라봄이라
> ──── 히 11:24-26

모세를 둘러싸고 있던 환경은 어찌 보면 우리 모두가 부러워하는 환경이다. '바로의 공주의 아들'이었고, '죄악의 낙'을 마음껏 누릴 수 있었고, '애굽의 모든 보화' 속에 파묻혀 살았다. 이처럼 부러운 환경이 어디 있겠는가. 모세는 애굽 왕 바로의 공주의 아들로 당시 최고의 권력을 승계할 수 있었다.

인간이 가진 욕망 중에 가장 큰 욕망은 권력에 대한 의지(will of power)와 욕망이다. 권력은 돈과 부귀, 환락 등 모든 것을 가능하게 하는 열쇠다. 그래서 누구나 이런 권력을 가지고 싶어 하고, 권력을 잡은 사람은 절대 권력을 추구하며 그 자리에서 내려오지 않으려고 한다.

그런데 모세는 달랐다. 이런 것들을 바람처럼 날려 보내고, 하나님의 길을 택했다. 여기서 우리는 모세의 삶을 기록한 히브리서 11장 25절에서 깊이 보아야 할 구절이 있다.

"잠시 죄악의 낙을 누리는 것보다"

분명 죄악이 주는 낙이 있다. 사람들이 왜 죄를 짓는가? 죄에는 쾌락이 있기 때문이다. 악한 마귀가 던져주는 그 맛 때문에 하나님을 따르지 않는 사람이 있을 정도로, 죄악의 낙이 짜릿한가 보다. 그러나 죄악의 낙은 '잠시'뿐이다. 잠시 쾌락을 주는 죄의 기쁨에서 깨어나면 더 길고 아픈 양심의 아픔과 육신의 망가짐 등 쓰라린 죗값을 지불해야 한다.

모세는 이 죄악이 주는 기쁨의 정체를 보았다. 그리고 그 즐거움이 아무것도 아닌 것을 알았다. 그래서 그는 하나님의 백성과 더불어 고난을 받는 것이 더 존귀하고 영원하고 보람과 의미가 있는 삶이라는 것을 깨닫고 그것을 선택했다.

우리들 대부분은 큰 권력도 보화도 없다. 그러나 이 모든 것을 가졌던 '행복한 왕자'가, 그리고 모세가 흠모했던 긍휼과 나눔의 삶을 지금 살고 있다면 영원한 하늘의 행복 속에서 살고 있는 것이다.

이웃의 눈물을 아는 사람이 진짜 왕자다. 행복한 왕자다.

허먼 멜빌 | **모비딕**

헛된 달리기가 아니니
얼마나 행복한가

"고래의 갈빗대와 공포는 내 위에 음울한 어둠을 아치 모양으로 덮어씌우네. 햇빛을 받은 신의 파도는 모두 굽이치며 지나가 버리고, 뒤에 남겨진 나는 어둠 속으로 점점 더 깊이 빠져드네."[52]

무수히 많은 배를 뒤집고, 많은 사람을 죽였다는 전설의 흰고래 모비딕! 이 거대한 고래에게 한쪽 다리를 빼앗긴 늙은 선장 에이해브는 모욕감과 분노와 좌절로 삶을 탕진한다. 그래도 그가 죽지 않고 사는 이유는 오직 하나, 모비딕에 대한 복수 때문이었다. 그는 이 사실을 잊지 않기 위해 고래 뼈로 의족을 만들어 사용한다.

복수의 날을 기다리던 중, 드디어 모비딕을 잡기 위한 두 번째 항해를 떠나게 된다. 배의 이름은 피쿼드 호(號). 모비딕을 향한 그의 복수심은 이미 그의 삶 자체였고, 숙명이 되어버린 지 오래였다. 선원들은 선장의 이러한 생각에 하나둘씩 물들어갔다. 에이해브는 희망봉으로, 인도양으로, 태평양으로 모비딕을 쫓아 달렸다.

모비딕이다!

물결은 고래의 몸에 부딪혀 부서지며 마치 태풍이 몰아치는 것처럼 하늘 꼭대기로 치솟아 오른다. 에이해브의 눈은 빛난다. 그는 작살을 힘 있게 잡았다.

서로가 생명을 건 사투를 벌인다. 모비딕은 등에 무수한 작살이 꽂힌 채, 욕망과 분노에 사로잡힌 인간들에게 쉽게 정복되지 않는다. 며칠에 걸친 싸움으로 선원들이 죽어 나갔지만 에이해브의 집념 또한 사그라지지 않았다.

일등 항해사 스타벅은 선장 에이해브에게 이 일이 얼마나 무모한 일인가를 말한다. 그러나 에이해브는 스타벅의 충고를 따르지 않고 외친다.

"고래여! 나는 너에게 달려간다. 나는 끝까지 너와 맞붙어 싸우겠다. 지옥 한복판에서 너를 찔러 죽이고, 증오를 위해 내 마지막 입김을 너에게 뱉어주마. 빌어먹을 고래여. 나는 너한테 묶여서도 여전히 너를 추적하면서 산산조각으로 부서지겠다."[53]

포기하느니 산산조각으로 부서지겠다고 한다. 사흘 되던 날 에이해브는 마지막 남은 보트를 타고 모비딕에게 작살을 명중시킨다. 모비딕은 몸부림을 치고 바다가 요동한다. 하지만 에이해브도 작살줄에 목이 감겨 모비딕과 함께 심연의 바닷속으로 사라진다. 피쿼드 호도 침몰하고 배와 함께 선원 전원이 가라앉는다. 혼자 살아남은 이슈메일이 이 이야기를 전한다.

"모든 것이 무너져 버렸다. 바다의 커다란 수의는 5천 년 전에 굽이치던 것과 마찬가지로 물결치고 있었다."[54]

여기서 에이해브와 모비딕 중 누가 이겼느냐는 질문은 무의미하다.

모든 것이 무너져도 에이해브 선장은 마치 지옥 끝까지라도 간다는 각오로 모비딕을 향하여 거침없이 나아간다. 어떤 사람들은 그 이유를 '운명'이라고 말하고 어떤 사람들은 '악마의 광란'이라고도 한다. 맞서 싸우면 패할 수도 있다는 것을 알면서도 운명에 맞서는 '불굴의 의지'라고 할 수도 있다. 모든 해석이 다 가능하다.

그러나 제일 중요한 질문은 이것이다.

"에이해브가 미치도록 쫓아갔던 모비딕은 무엇인가?"

소설 속 에이해브의 말을 직접 빌리면 모비딕은 "사람을 가장 미치게 하고 괴롭히는 모든 것, 가라앉은 앙금을 휘젓는 모든 것, 악의를 내포하고 있는 모든 진실, 체력을 떨어뜨리고 뇌를 굳게 하는 모든 것, 생명과 사상에 작용하는 모든 악마성"[55]의 표상이다.

한마디로 모비딕은 나를 미치게 만드는 그 무엇이다.

우리는 살면서 무엇인가를 부지런히 추구하고 탐색한다. 더 나아가 미치도록 추구할 때도 있다. 그것은 어떻게 보면 망망대해에서 거대한 고래 모비딕을 찾아 헤매는 것과도 같다.

그렇다면 가장 묻고 싶은 것이 이것이다.

"나의 모비딕은 무엇인가? 나는 무엇을 미치도록 좇는 것일까?"

좇고 있는 것이 무엇인지도 모르고 미친 듯이 달려가는 것이 아닐까. 썩어질 욕망을 좇으면서도, 버려야 할 복수심을 좇으면서도, 끝내 작살을 놓지 않고 있는 것은 아닌가. 세상에서 가장 힘든 일은 '고된 일'이 아니라 '헛된 일'이다.

토끼몰이 경주를 하던 경주견(犬) 그레이하운드가 있었다. 이 충성스러운 개가 어느 날 경주하는 것을 그만둔다고 했다. 다른 개들이 물었다.

"그간 너무 힘들었니?"

"이제 달리기에는 너무 늙었니?"

"주인이 부당하게 대우했니?"

그러나 그레이하운드는 고개를 저으며 말했다.

"내가 쫓고 있던 토끼가 가짜 토끼라는 것을 알았어! 그래서 이제는 그만 달릴 거야!"

경주에 쓰인 토끼는 진짜 토끼가 아니라 로봇 토끼였다.

인생에서 꿈이 없는 사람보다 더 불쌍한 사람이 가짜 꿈속에서 사는 사람이다. 가짜 꿈이 꿈 메모리를 다 차지하고 있으면 진짜 꿈이 저장될 공간이 없어지고, 가짜 꿈에 모든 힘을 다 쓰게 된다. 그레이하운드도 가짜 토끼임을 알고 쫓기를 그쳤는데, 우리는 가짜라는 것을 알면서도 무한 질주를 하고 있지 않은가.

무엇에 미치고 이끌리는 삶인가

여기서 일등 항해사 스타벅의 이야기를 해보자. 그는 건강한 몸에 청교도적인 윤리와 합리적 실용주의를 겸비한 사람이다. 스타벅은 반미치광이인 에이해브와 대립하며 모비딕에 대한 집착을 포기할 것을 권고한다.

"말 못 하는 짐승한테 복수라니! 그 고래는 단지 맹목적인 본능으로 공격했을 뿐인데! 이건 미친 짓이에요! 말 못 하는 짐승에게 원한을 품다니, 천벌을 받게 될 겁니다."[56]

휘몰아치는 바다도 미쳤고, 모비딕도 미쳤고, 선장도 미쳤고, 선원들도 미쳐갔다. 선장이 이 미친 광기를 모두에게 물들여갔다. 자신만 옳다고 생각하는 순간, 그것은 타자에 대한 폭력과 횡포가 된다. 결국 선장은 배와 선원들을 파멸로 이끈다. 이들이 항해에 사용했던 '피쿼드 호'는 자신들만 옳다고 생각한 백인에게 몰살당한 인디언 부족의 이름이어서 더욱 상징적이다. 이 가운데서 이성을 찾은 사람이 스타벅이었다. 그래서 세계적인 CEO 슐츠는 그 유명한 커피점을 만들면서 이름을 〈스타벅스〉라고 했는지 모른다. 슐츠는 이렇게 말하고 싶었나 보다.

"혼란스럽고 미친 듯한 세상, 미칠 듯한 마음속에서 커피를 마시며 진정을 찾으세요!"

그러나 스타벅은 에이해브의 광기를 멈출 수 없었다. 마찬가지다. 커피 한 잔으로 이 세상을 향한 육신의 정욕, 안목의 정욕, 이생의 자랑을 멈출 수 있다면 얼마나 좋을까. 에이해브 뿐만이 아니다. 사람은 무언가에 미치고 싶어 한다. 문제는 '무엇에 미치는가'이다. 옳고 아름다운 것에 미치면 된다!

신약성경에 이렇게 미쳤다는 소리를 들은 사람이 있다. 사도 바울이다.

> 바울이 이같이 변명하매 베스도가 크게 소리 내어 이르되 바울아 네가 미쳤도다 _____ 행 26:24

바울은 옳은 진리에 미쳤다. 바울이 미친 진리는 이 세상 사람들에게 구원을 주시는 하나님의 복음이었다. 바울은 이 진리를 전하는 것이 사명이었으며, 이 사명을 위해서는 생명도 귀한 것으로 여기지 않았다. 그래서 이렇게 힘 있게 고백한다.

> 내가 달려갈 길과 주 예수께 받은 사명 곧 하나님의 은혜의 복음을 증언하는 일을 마치려 함에는 나의 생명조차 조금도 귀한 것으로 여기지 아니하노라 ── 행 20:24

바울이 미치도록 달려간 복음의 진리는 에이해브가 미치도록 쫓던 모비딕과는 비교할 수 없이 옳고 좋고 아름다운 것이다.

다시 물어보자. 내가 미치도록 좇고 있는 모비딕은 무엇인가? 프로는 끌고 가고 포로는 끌려간다. 마차를 끄는 것은 말(馬)이다. 그런데 마차가 말을 끌고 간다면 기가 막힐 노릇이다. 내가 삶을 끌고 가야 하는데 욕망이 나를 끌고 간다면 나는 포로된 삶을 살고 있는 것이다.

신앙인의 고전(古典)인 고든 맥도날드의 《내면세계의 질서와 영적 성장》(IVP, 1997)에는 두 종류의 삶이 나온다. 하나는 충동에 이끌리는 삶이고, 또 하나는 소명에 이끌려 사는 삶이다.

충동에 이끌리는 삶(driven life)은 세상의 가치관이 나를 이끌고 가는 삶으로, 세상에서 말하는 '성공'을 좇는 삶이다.

반면 소명에 이끌리는 삶(called life)은 말 그대로 자신이 태어난 목적과 비전을 깨닫고 그 비전을 좇아 사는 삶이다. 이런 사람들은 "삶을 산다"라고 할 수 있으며 내면의 질서가 조화롭고 평화롭다.

주께서 내게 주신 삶의 목적을 생각하며 살지 않으면 생각나는 대로 살다가 죽는다.

주께서 내게 주신 삶의 우선순위를 정해놓지 않는다면 세상의 가치관이 내 삶의 우선순위를 정한다.

주께서 내게 주신 목적이 이끄는 삶을 살지 않으면 욕심이 이끄는 삶, 허무가 이끄는 삶을 살게 된다.

성도들이 행복한 이유가 여기 있다. 성도들이 제대로 신앙생활을 한다면 헛된 모비딕을 좇지 않는다. 하나님이 우리를 이 땅에 보내신 사명을 좇아 보람과 의미 있는 삶을 산다.

이처럼 행복한 삶이 어디 있는가. 헛된 모비딕을 좇지 않는 삶!

아버지께서 내게 하라고 주신 일을 내가 이루어 아버지를 이 세상에서 영화롭게 하였사오니 ____ 요 17:4

밀란 쿤데라 | **무의미의 축제**

거짓 의미 무의미를 넘어
참 의미로

뉴욕에서 발행되는 〈파리 리뷰〉(Paris Review)라는 잡지에는 유명 작가들의 인터뷰가 실린다. 거장(巨匠) 밀란 쿤데라는 이 인터뷰에서 이런 말을 했다.

"제 소설 중 어떤 것에든 《참을 수 없는 존재의 가벼움》, 《농담》, 《우스운 사랑들》로 이름 붙여도 무방합니다. 제목들은 서로 바뀌어도 별로 상관없어요. 그 제목들은 저를 사로잡고, 정의하고, 한편으로는 불행히도 저를 제한하는 몇 개의 주제들을 반영하거든요. 이 주제를 넘어서서는 다른 아무것도 말하거나 쓸 게 없습니다."[57]

현존하는 최고의 작가 중 하나인 밀란 쿤데라의 대표작이 《참을 수 없는 존재의 가벼움》, 《농담》, 《우스운 사랑들》 등이다. 그런데 쿤데라는 이 작품들의 제목을 서로 바꾸어도 무방하다고 한다. 제목은 다르지만 같은 주제의 이야기라는 것이다. 쿤데라가 말하고 싶은 중요한 주제가 하나 있었던 것이다. 심지어는 "이 주제를 넘어서서는 다른 아무것도 말하거나 쓸 게 없다"라고 할 정도였다.

그렇다면 그가 말하고 싶었던 주제란 무엇일까.

거짓된 진지함을 흔드는 무의미함의 저항

쿤데라는 오랜 침묵을 깨고 14년 만에 소설 《무의미의 축제》(민음사, 2014)를 발표했다. 이 소설은 '쿤데라 문학의 정점'이라는 평을 받으며 쿤데라 문학의 압축판으로 여겨진다. 그런데 이 소설은 줄거리를 설명할 수 없는 재미없는 소설이다.

이야기는 네 명의 남자가 늘어놓는 독백이나 대화로 진행된다. 그 남자들의 삶은 관객이 없는 배우처럼 보잘것없다. 노화와 권태, 무기력에 빠진 그들은 설명할 수 없는 거짓말이나 설명할 수 없는 농담을 즐길 뿐이다. 여성의 배꼽에 관한 에로틱한 공상부터 자신이 암에 걸렸다고 거짓말을 하고는 희열을 느끼는 사람, 모두가 모인 파티에서 아무런 무게도 의미도 없이 천장을 떠도는 깃털에 관한 이야기도 나온다.

정말 의미 없는 이야기들이다. 그런데 쿤데라는 이런 '의미 없는 이야기'로 이제껏 '의미 있었다고 속여 온 세계'를 질타한다. 지난 역사 동안 '진지한 정신'을 지녔다는 영웅들의 야망, 허영, 거짓말 때문에 역사의 비극을 겪었다는 것을 에둘러 반영하는 것이다. 이것을 발견하고는 세상을 진지하게 대하지 말자고 한다.

모순어법(矛盾語法)이라는 것이 있다. 임팩트 있고 효과적인 표현을 하기 위하여 서로 앞뒤가 맞지 않는 말을 함께 사용하는 어법이다. 예를 들어 이런 표현이다.

"살려고 하는 자는 죽게 되고, 죽고자 하는 자는 살 수 있다."

쿤데라는 지금 모순어법으로 이렇게 말하는 것이다.

"진지하고자 하면 무의미해지고, 무의미하고자 하면 진지해진다."

'거짓된 진지함'에 대해 의미 없음, 보잘것없음, 하찮음, 초라함 등으로 저항하는 것이 쿤데라 문학의 핵심이다. 달리 말하면 거짓된 진지함의 실체를 '무의미의 축제'를 통해 흔든다. 진지한 위계를 흔드는 도전이다. 우리를 누르고 있는 거짓 무거움을 벗어나 보려는 몸짓이다.

무거움에 속하는 것들, 예를 들면 존재를 억압하고 무겁게 만드는 역사, 이데올로기, 현실, 이성, 거짓된 가치관, 인습, 혈연적 유대, 필연성, 인과론…. 쿤데라는 이 무거운 것들에서 해방되어 자유롭게 살기 위해 가벼움을 택했다.

일본의 작가 무라카미 하루키도 그 유명한 소설《상실의 시대》에서 같은 맥락의 말을 했다.

"모든 사물을 너무 심각하게 생각하지 말 것, 모든 사물과 나 자신 사이에 적당한 거리를 둘 것"[58]

쿤데라는 우리를 짓누르는 거짓 진지함에 반대하며 역설적으로 인간의 삶이 아무런 의미 없음, 보잘것없음의 축제이며, "하찮고 의미 없다는 것, 그게 존재의 본질"이라고 말한다.

무의미한 삶의 본질은 발견했지만, 그 돌파구를 몰라 그저 애처롭게 무의미의 축제를 벌이고 있는 인생! 이 또한 불쌍한 인생이다. 인문학은 이렇듯 '땅의 신음'이다. 인문학은 세상을 둘러싸고 있는 거짓된 껍질을 발견한다. 이것이 '인문학의 힘'이다. 그리하여 허위를 벗고 본질과 의미를 찾고 싶어 하지만, 오늘도 본질을 찾지 못해 신음하고 탄식한다. 이것이 '인문학의 한계'다.

땅의 신음에 답하는 세상의 참의미

솔로몬이 전도서에서 이런 고백을 했다.

전도자가 이르되 헛되고 헛되며 헛되고 헛되니 모든 것이 헛되도다
_____ 전 1:2

이 구절은 이렇게 해석할 수 있다.

"짧고 짧은 숨, 짧고 짧은 숨, 모든 것이 짧고 짧은 숨일 뿐, 이후에는 아무것도 없다."

쿤데라도 솔로몬처럼 세상을 향해 이렇게 말하는 듯하다.

"사실은 아무것도 없는데, 무언가 큰 것이 있는 것처럼 진지하게 말하지 말라!"

인문학이 발견한 땅의 껍데기는 옳다. 그러나 거기까지다. 인문학은 이 세상의 진정한 본질을 보지 못한다. 이 세상의 본질은 창세기 1장 1절에 나온다.

태초에 하나님이 천지를 창조하시니라 _____ 창 1:1

이 세상의 본질은 하나님이시다. 하나님이 이 세상을 시작하셨고 지금도 섭리하고 계신다. 이것이 본질이다.

산속에서는 산이 보이지 않는다. 하나님을 인정하지 않는 인문학은 이 땅의 허위(虛僞)까지는 발견하지만, 산속에만 있어 산을 보지 못한다. 본질을 발견하지 못해 무의미의 축제를 벌이며 탄식하는 신음 덩어리다.

인문학이 명답이라면, 성경은 정답이다!

주님을 만나야 '거짓 의미'를 벗고 쿤데라가 말하는 '무의미'까지도 넘어서 생명의 '참 의미'를 발견한다.

3

Humanitas To GOD

상처는
꽃이 되고
별이 되고

하나님을 만나면 내 상처는 향기로운 위로가 됩니다

귄터 그라스 | **공은 둥글다**

사람이 둥근 의인이 되는 법이 있다

노벨문학상을 받은 독일의 작가 귄터 그라스는 유명한 축구팬이다. 그는 우리나라와 일본에서 공동으로 열린 '2002 한일 월드컵' 개막식에 초청되어 축시를 낭송했고, 자국에서 열린 '2006 독일 월드컵'에서도 축하의 시 〈공은 둥글다〉(Der Ball Ist Rund)를 헌시했다.

내 공은 한쪽이 찌그러졌다
어렸을 적부터 난 누르고 또 눌렀지만
내 공은 늘 한쪽만 둥글어지려 한다

일반적으로 월드컵의 축시라고 하면 공처럼 날아오르라든가,

경기장의 함성처럼 우렁찬 삶을 살라든가, 선수들처럼 하나가 되어 역경을 헤쳐나가자는 류의 시를 떠올릴 것이다. 그런데 귄터 그라스의 헌시는 "공은 둥글다"로 시작하면서 다소 허무하게 끝난다.

대가(大家)는 무얼 말하려 한 것일까.

시인의 말처럼 공은 둥글다. 아니 더 엄격히 말하면 둥글고 싶은 것이다. 완벽한 원에 가까운 구체일수록 잘 굴러가고 잘 튄다. 그러나 완벽한 구체를 만드는 것은 쉽지 않다. 피버노바, 팀가이스트, 자블라니, 브라주카, 텔스타…. 월드컵 공식구가 계속 바뀌는 이유 중의 하나는, 완벽한 원형에 부합하는 공을 만들기 위함이다.

그러나 아무리 노력해도 완벽한 원은 없다. 공도 그렇고 달도 그렇고 태양도 그렇고 지구도 그렇다. 삶도 그렇고 세상도 그렇다. 완벽한 원을 만들려고 한쪽을 눌러보면 한쪽만 불룩해지고 오히려 더 찌그러진다.

2006년 8월 12일, 귄터 그라스는 독일의 유명한 일간지 〈프랑크푸르터 알게마이네 차이퉁〉(Frankfurter Allgemeine Zeitung)과의 인터뷰에서 폭탄 같은 고백을 하였다. 자신이 열일곱 살 때 히틀러의 나치 친위대에서 복무했음을 고백한 것이다. 귄터 그라스는 이것이 자신을 평생 눌러 온 '주홍글씨'였다고 했다.

귄터 그라스는 독일의 양심이자 시대의 거인으로 평가받아 왔다. 특히 노벨문학상을 받은 그의 대표작 《양철북》은 성장을 멈추어 버린 현대의 자아상을 기막히게 표현한 걸작이다. 그런 대문호 귄터 그라스가 나치 친위대원으로 일했었다는 사실, 그것도 팔순이 되어서야 고백했다는 사실은 모두에게 충격 그 자체였다.

이에 노벨상을 반납해야 한다는 비난이 이어졌다. 한편에서는 부끄러운 과거를 고백한 용기를 높이 평가해야 한다는 옹호론이 나왔다. 이 둘 사이에서 격렬한 논쟁이 이어졌다. 그를 짓눌러왔던 죄 짐을 들어보니 그의 시가 더욱 절실하게 느껴진다.

   내 공은 한쪽이 찌그러졌다
   어렸을 적부터 난 누르고 또 눌렀지만
   내 공은 늘 한쪽만 둥글어지려 한다

   우리 힘으로 둥근 의인이 될 수 없다.

우리는 무엇으로 구원받을 수 있는가

선한 행위를 통해 혹은 고행을 통해 의로워지려고 발버둥 쳐 본 사람은 자신이 결코 의인이 될 수 없다는 것을 잘 안다. 죄 짐을 벗어보려 피땀 어리게 노력해본 사람은 이것이 벗어질 수 없는 멍에라는 것을 뼈저리게 알게 된다. 이런 고민 속에서 처절하게 하나님을 찾았던 사람이 있다. 마르틴 루터다.

종교개혁자 마르틴 루터는 경건한 수도승이었다. 그는 자신의 죄에 민감했다. 그래서 죄의 문제를 해결하려고 열심히 가톨릭의 모든 성례전 종교의식에 참여했다. 금식과 고행을 하고 선한 일도 많이 했다. 하루에도 몇 번씩 선임 사제에게 가서 고해성사를 했다. 하도 사소한 것들을 가지고 와서 고해성사를 하니까 "제발 죄 같은 죄 좀 가지고 오라!"라는 소리를 들었다. 그리고 하도 자주 오니까 "죄를 모두 모아 와서 고해성사를 할 수 없겠니?" 하는 핀잔을 들을 정도였다고 한다.

그는 죄가 자신을 더럽힌다는 생각이 들 때마다 등을 채찍으로 내리치곤 하여 여러 번 실신하기까지 하였다. 1511년에는 로마 라테란 성당의 '스칼라 산크타'(Scala Sancta)라는 거룩한 계단을 오르며 고행했다. 이곳은 '빌라도 계단'이라고 불리는 28개의 대리석 계단이다. 당시 가톨릭의 가르침에 의하면 이 계단을 무릎을 꿇고 오르는 고행을 하면 죄를 용서받을 수 있다고 하였다. 루터는 라틴어로 된 주기도문을 외우면서 피멍이 들 정도로 한 계단씩 올랐다. 그런데도 여전히 죄를 용서받았다는 확신이 없었다.

루터는 아무리 노력해도 자기 마음속에 있는 더러운 생각들과 죄책에서 해방되지 못했다. 결국 루터가 처절한 고행 속에 발견한 진리가 있다. "사람은 결코 자신의 선행과 고행으로 죄 용서를 받을 수 없다!"라는 것이다.

인간이 착한 일을 하면 얼마나 하겠는가? 아니, 얼마큼 착한 일을 해야 하나님이 인정하시는 기준에 도달하는 것인가. 사실, 인간이 정의의 이름으로 행한 행동이 얼마나 정의롭지 못한가. 정의로운 행동 배후에는 얼마나 추한 것이 많이 숨어 있는가.

인간의 말할 수 없는 죄악을 발견한 루터는 놀랐다. 그리고는 이제 중요한 질문을 던진다.

"나의 그 어떤 선한 행위도 철저한 고행도 나를 구원할 수 없는데, 나는 어떻게 구원을 받을 수 있는가?"

루터는 마침내 우리의 모든 죄를 용서하시는 '예수님을 믿음으로' 구원을 받는 것을 알게 되었다. 인간의 어떠한 거룩한 행위도 자기를 스스로 구원할 수 없기 때문에 하나님이 우리를 이처럼 사랑하사 예수 그리스도를 보내시고, 그분이 십자가에서 우리의 죄를 담당하시고 거룩한 피를 흘리심으로, 그를 믿을 때 우리가 구원을 얻는다는 것을 알게 되었다. 오직 예수 그리스도를 믿음으로 죄를 용서받고 의롭다 함을 얻는다.

하나님은 이 진리를 이렇게 말씀하신다.

사람이 의롭게 되는 것은 율법의 행위로 말미암음이 아니요 오직 예수 그리스도를 믿음으로 말미암는 줄 알므로 우리도 그리스도 예수를 믿나니 이는 우리가 율법의 행위로써가 아니고 그리스도를 믿음으로써 의롭다 함을 얻으려 함이라 율법의 행위로써는 의롭다 함을 얻을 육체가 없느니라 ＿＿ 갈 2:16

> 그러므로 사람이 의롭다 하심을 얻는 것은 율법의 행위에 있지 않고 믿음으로 되는 줄 우리가 인정하노라 ____ 롬 3:28

우리를 둥근 의인 되게 하시는 예수님의 복음

축구공은 완벽하게 둥글어지고 싶어 한다. 사람은 더욱더 하나님이 인정하시는 둥근 의인이 되고 싶어 한다.

자, 여기 기쁜 소식이 있다. 축구공의 경우는 몰라도, 사람은 둥근 의인이 될 수 있다. 예수님이 우리의 모든 죄를 짊어지고 십자가에서 죽으셨다. 그 예수님을 믿으면 둥근 의인이 된다.

> 그 아들 예수의 피가 우리를 모든 죄에서 깨끗하게 하실 것이요 ____ 요일 1:7

우리가 예수님 앞에 나아오는 순간 예수님의 피는 우리 죄를 씻기고 온전하게 한다. 그를 믿는 순간 하나님은 나의 죄를 용서하실 뿐만 아니라 나를 의롭다고 하신다. 그리고 나는 하나님의 자녀가 되어 거룩하신 하나님과의 사귐이 회복된다.

하나님이 나를 의롭다고 하신다 해서 내 속에 있는 추악한 마음, 더러운 생각들이 모두 사라진 것은 아니다. 그럼에도 하나님은 나를 의인이라고 불러주시며 이제부터 하나님의 자녀답게 살라고 권면하신다. 이것이 기쁜 소식, 즉 복음이다.

귄터 그라스의 시를 이렇게 읽어보자.

"공은 둥글다. 나의 공은 찌그러져 있다."

"의롭게 살아야 하는데 나는 늘 찌그러진 삶을 살았다."

"어렸을 때부터 난 누르고 또 눌렀지만, 공은 늘 한쪽으로만 둥글어지려 한다."

"의로워지려고 노력할수록 도저히 안 된다는 것을 느꼈다."

그러나 예수님이 나의 죄를 위하여 십자가에 못 박히셨고, 그 예수님을 믿음으로 나는 둥근 의인이 되었다. 할렐루야!

복효근 | 상처에 대하여

상처 입은 피해자
상처 입은 복수자
상처 입은 치유자

오래 전 입은 누이의

화상은 아무래도 꽃을 닮아간다

(중략)

오래 피가 멎지 않던

상처일수록 꽃향기가 괸다

오래된 누이의 화상을 보니 알겠다

향기가 배어나는 사람의 가슴속엔

커다란 상처 하나 있다는 것

잘 익은 상처에선

꽃향기가 난다[59]

하나의 존재는 하나의 아픔이다. 꽃은 꽃이라는 상처와 아픔이 있고, 강물은 강물이라는 이름의 상처와 아픔이 있다. 사람도 늘 불완전하고 죄성이 가득하기에 사람만큼의 상처와 아픔을 안고 산다. 그 상처 때문에 비난, 분노, 열등감, 이기심, 거부의 가시가 돋아나 자신의 심장을 찌르고 이웃을 찌르기도 한다.

시인이 말하듯이 상처는 잘 익어야 한다. 잘 익은 밥이 맛있듯이 상처도 잘 익히면 꽃향기가 난다. 상처가 잘 익어 아물면 무늬가 되고, 상처가 치유되지 않으면 얼룩과 흉터가 남는다. 햇빛을 받으면 습기가 마르듯, 상처가 잘 익기 위해서는 하나님께 가져와야 한다. 하나님께로 가져온 상처는 꽃이 되고 노래가 된다.

같은 상처를 입어도 반응은 모두 다르다

땅바닥에 유리를 떨어뜨리면 깨지고, 진흙을 떨어뜨리면 달라붙고, 공을 떨어뜨리면 튀어 오른다. 같은 상처를 입더라도 '상처 입은 피해자'가 있고, '상처 입은 복수자'가 있고, '상처 입은 치유자'가 있다.

'상처 입은 피해자'는 바닥에 떨어진 유리같이, 상처가 되는 일을 당해 몸과 마음이 산산이 부서진 사람이다. 또한 바닥에 떨어진 진흙같이 상처에 달라붙어 아무것도 하지 못하는 사람이다. 칼을 꽂으며 상처를 준 사람은 상대방인데, 꽂힌 칼을 더욱 휘젓는 것은 나 자신이다. 너무 아파 상처를 되뇌고 곱씹으며 스스로 구렁 속으로 들어가는 안타까운 사람.

상처 입은 피해자는 더 상처를 받지 않기 위해 벽을 쌓는다. 그러나 상처를 막기 위해 벽을 쌓으면 그 벽은 나를 가두는 벽이 되기도 한다.

'상처 입은 복수자'는 내가 당한 만큼 되돌려 주는 사람이다. 죄성 많은 우리 인간에게는 사랑보다는 미움이 빠르다. 이해보다는 오해가 쉽다. 용서보다는 복수가 명징하다. 복수하고픈 심정을 일면 이해하지만 복수하는 사람에게는 하나님의 위로가 임하지 않는다.

창세기 34장을 보면, 야곱 가족이 세겜 성에 거할 때 야곱의 딸 디나가 히위 족속의 추장인 세겜에게 몹쓸 짓을 당한 사건이 나온다. 세겜은 디나를 범한 후에 통혼(通婚)을 요구했다. 이에 야곱의 아들들은 히위 족속의 모든 남자가 할례를 행하면 통혼하겠다고 속인다. 그리하여 그들이 할례를 행한 지 3일째에 극심한 고통 중에 있을 때, 시므온과 레위가 모든 남자를 칼로 죽이고 노략질까지 하고 디나를 데려왔다. 당한 것보다 더 처절하게 복수한 것이다.

이에 야곱은 시므온과 레위를 가리켜 '폭력의 도구'라고 탄식한다. 가슴 아픈 일을 당했지만, 이렇게 복수한 것은 하나님 앞에서 중대한 범죄였다. 더군다나 그들은 하나님의 언약의 상징인 할례를 욕되게 하는 죄를 범했다. 야곱은 죽기 전에 그의 아들들을 불러 모으고 그들이 후일에 당할 일들에 관해 유언했다. 야곱은 시므온과 레위에게 화가 있을 것을 말했다.

> 시므온과 레위는 형제요 그들의 칼은 폭력의 도구로다 내 혼아 그들의 모의에 상관하지 말지어다 내 영광아 그들의 집회에 참여하지 말지어다 그들이 그들의 분노대로 사람을 죽이고 그들의 혈기대로 소의 발목 힘줄을 끊었음이로다 그 노여움이 혹독하니 저주를 받을 것이요 분기가 맹렬하니 저주를 받을 것이라 내가 그들을 야곱 중에서 나누며 이스라엘 중에서 흩으리로다 ──── 창 49:5-7

구약성경의 시편 중에 '저주시'(詛呪詩)라는 것이 있다. 이런 것이 성경에 나오다니 참 의외다. 대표적 저주시인 시편 109편을 보자.

> 그의 자녀는 고아가 되고 그의 아내는 과부가 되며 그의 자녀들은 유리하며 구걸하고 그들의 황폐한 집을 떠나 빌어먹게 하소서 고리대금 하는 자가 그의 소유를 다 빼앗게 하시며 그가 수고한 것을 낯선 사람이 탈취하게 하시며 그에게 인애를 베풀 자가 없게 하시며 그의 고아에게 은혜를 베풀 자도 없게 하시며 그의 자손이 끊어지게 하시며 후대에 그들의 이름이 지워지게 하소서 ──── 시 109:9-13

이쯤 되면 정말 심한 저주가 아니겠는가? 이런 끔찍한 저주의 시가 성경에 기록되어 있다니 믿기지 않을 정도다. 하나님께서 저주시를 허락하신 의도가 있다. 이런 저주를 원수 같은 사람이나 미운 이웃에게 퍼붓지 말고 하나님께 하라는 것이다. 사람에게 퍼부을 때 원수와 복수의 악순환이 계속된다. 하나님께 문제를 가지고 나아갈 때 근본적인 문제가 해결될 수 있다.

다윗은 하나님께 이렇게 심한 욕설 같은 기도를 하였지만, 실제 원수였던 사울 앞에서는 존중함으로 대했다. 그의 옷자락 하나를 베고도 괴로워했다. 저주할 일이 있으면 하나님께 기도하여 물어야 한다. 하나님께 기도하지 않고 원수 같은 사람에게 저주를 퍼부으며 복수하려 한다면 자신 또한 고통의 굴레 속에 뒹굴게 된다.

상처는 치유의 근원과 도구가 된다

자, 이제 '상처 입은 치유자'를 보자.

하나님이 원하시는 것은 '상처 입은 자'가 '상처 입은 치유자'가 되는 것이다.

'상처 입은 치유자'는 자신이 받은 상처 때문에 이웃을 더욱 이해하고 공감하며 치유해주는 사람이다. 상처 입은 자가 같은 상처를 입은 사람을 이해한다. 상처가 많은 사람이 상처가 많은 사람을 이해할 수 있다.

나는 심근경색으로 심장 혈관에 세 개의 스탠트를 심어 놓았다. 선천적인 것으로 젊어서부터 앓았다. 때때로 잠을 자기 전에 "오늘 밤을 제대로 넘길 수 있을까?" 하는 생각을 하기도 한다. 바울 사도는 자신에게 육체의 가시가 있다고 하였는데, 그 말씀을 어느 정도 이해한다. 스탠트 한 개를 심을 때는 그런대로 견딜 만했는데 두 개, 세 개를 심을 때는 마음이 너무나 무거웠다. 기도해주겠노라는 성도님들의 약속과 성원이 고마웠지만 무거운 마음은 여전했다. 그런데 어느 지인이 말했다.

"목사님, 괜찮아요. 저는 다섯 개를 심었어요."

그 말에 왠지 미소가 피어났다. 그 지인은 한술 더 떠서 이렇게 말했다.

"어떤 유명인은 일곱 개나 심었는데, 지금 잘 살고 있어요."

같은 아픔을 겪은 지인의 말이 가장 위로가 되었다. 바로 이것이다. 상처 입은 자가 상처 입은 자를 온전히 위로할 수 있다.

수도자이자 영성가인 헨리 나우웬(Henri Nouwen)은 예수님을 가리켜 '상처 입은 치유자'(Wounded Healer)라고 하였다. 예수님은 우리와 똑같이 오해받고 배척받고 배신도 당하셨다. 육체적, 정신적 고통도 받으시고, 십자가의 죽음도 경험하셨다. 예수님은 상처받은 자로서 우리의 상처를 이해하면서 우리를 치료하시는 '상처 입은 치유자'시다.

예수님이 상처가 가득하다고 하면 의아하게 생각할지도 모른다. 메시아라면 상처가 없어야 하지 않겠는가? 상처가 있다면 자신부터 치유를 받아야지 남을 도울 처지가 못 되는 것 아니겠는가? 하지만 우리에게 오실 메시아에 관해 하나님은 이사야 선지자를 통해 이렇게 말씀하셨다.

> 그가 찔림은 우리의 허물 때문이요 그가 상함은 우리의 죄악 때문이라 그가 징계를 받으므로 우리는 평화를 누리고 그가 채찍에 맞으므로 우리는 나음을 받았도다 ─── 사 53:5

주님은 상처가 있음에도 메시아가 되는 것이 아니라, 바로 그 상처로 인해 메시아가 되실 수 있었다. 우리와 똑같은 상처가 있으신 메시아. 그리하여 우리를 충분히 이해하시는 메시아. 주님의 상처야말로 우리를 치유하시는 치유의 근원이 되었다. 같이 상처 당한 예수님은 우리의 흉터를 보고 웃지 않으신다. 우리의 상처를 꽃으로 바꾸어주시고, 우리도 상처 입은 이웃에게 치유자가 되어주라고 부탁하신다. 당신의 상처로 내 상처를 고치시고, 내 상처로 다른 사람들을 고치기를 원하시는 것이다.

감동을 주는 영화, 드라마, 연극, 노래, 소설과 시. 감동을 주는 이야기들은 거의 모두가 아픔과 상처를 주제로 삼고 있다. 성공한 이야기를 들으면 참 잘됐다 싶고 너무나 부러운 한편, 왠지 질투심이 올라오는 경우도 많다. 그러나 상처를 극복한 이야기는 모두에게 감동과 영감과 희망을 준다. 그래서 하나님은 상처를 사람들을 치유하는 도구로 삼으신다. 바울 사도를 통하여 우리에게 주시는 사명이 이러하다.

> 우리의 모든 환난 중에서 우리를 위로하사 우리로 하여금 하나님께 받는 위로로써 모든 환난 중에 있는 자들을 능히 위로하게 하시는 이시로다 ──── 고후 1:4

흔들리지 않고 피는 꽃이 없듯이, 상처 없이 피는 꽃도 없다. 상처 없이 사는 사람도 없다. 상처로 자신을 닫아버리는 사람이 있고 상처로 인한 열등감으로 독을 쏘는 사람, 모든 상처를 이웃의 탓으로 돌리며 복수하는 사람도 있다.

예수님이 만난 사람들은 한결같이 상처가 가득한 사람들이었다. 그들을 예수님이 만지시니 상처는 꽃으로 피어나서 그들이 '상처 입은 치유자'가 되었다.

주님이 만지시면 상처가 평화의 도구가 된다.

베른하르트 슐링크 | 책 읽어주는 남자

지긋지긋한 열등감에서 벗어나기 위하여

독일 베를린 대학의 법대 교수인 베른하르트 슐링크(Bernhard Schlink)의 《책 읽어주는 남자》(Der Vorleser)는 귄터 그라스의 《양철북》, 파트리크 쥐스킨트의 《향수》와 더불어 2차대전 이후 현대 독일 작가의 작품 중 가장 성공하고 주목받는 소설이며, 독일 인문계 고등학교에서 가장 많이 다루는 현대문학 작품이다. 그리고 2008년, 스티븐 달드리 감독의 영화 〈더 리더〉(The Reader)로 소개되어 호평받으면서 또다시 전 세계적인 주목을 받았다.

독일의 한 도시에서 황달에 걸린 15살 소년 미하엘이 하굣길에 구토를 하며 쓰러진다. 그런 그를 30대의 전철 검표원인 한나 슈미츠가 다가와 도와준다. 이 일이 계기가 되어 큰 나이 차이에도 불구하고 두 사람은 사랑하는 사이가 된다.

웬일인지 한나는 늘 미하엘에게 책을 읽어달라고 한다. 미하엘이 《전쟁과 평화》 같은 책을 읽어주면 한나는 감격한다. 그런데 어느 날 갑자기 한나는 미하엘 곁을 떠난다.

그로부터 8년 후, 법대생이 된 미하엘은 2차 세계대전 전범(戰犯) 재판을 참관하게 된다. 거기서 한나가 전범으로 재판받는 것을 보게 된다. 한나는 유대인 수용소의 감시원으로 수많은 유대인을 사지로 몰아낸 혐의로 기소되어 다섯 명의 다른 감시원들과 함께 재판을 받았다.

재판 과정에서 수용소 감시원들이 기록한 문서들이 발견된다. 재판이 불리해지자 동료들은 전부 한나가 썼으며, 한나가 책임자라고 누명을 씌웠다. 그녀는 자신이 작성한 게 아니라고 말했지만 필적 감정을 해보자는 말에 한나는 결심한 듯 자신이 그 보고서를 썼다고 한다.

그러나 한나는 책임자가 아니었다. 사실 그녀는 글을 읽지 못하는 문맹이었다. 문맹자가 어떻게 보고서를 쓸 수 있을까. 한나는 자신이 문맹임을 증명하기만 하면 중벌을 면할 수 있었지만 그러지 않고 오히려 종신형을 택한다. 자신이 문맹인 사실이 밝혀지는 것보다는 차라리 중형을 택한 것이다.

미하엘은 한나가 문맹이었다는 사실을 깨닫고 놀란다. 그리고 이전에 왜 자신에게 책을 읽어달라고 했는지 이해하게 되었다. 공책에 적힌 자신의 이름을 알지 못했던 것, 자기 편지에 응답하지 않았던 것도 비로소 이해하게 되었다.

8년 전, 한나는 직장 상사가 기관사 교육 받을 것을 통보하자 직장을 그만두고 홀연히 도시를 떠났다. 기관사는 글을 알아야 했기 때문에 회피한 것이었다.

그러나 미하엘은 이해할 수가 없었다. 한나는 왜 그토록 자신이 문맹이라는 사실이 드러나는 것을 두려워했던 것일까. 자신이 하지도 않은 범죄를 인정할 정도로 두려웠던가.

재판이 끝난 후 미하엘은 다시 자신의 삶으로 돌아간다. 그러나 죄책감이 뒤섞여 한나를 잊을 수가 없었던 그는 책을 읽어 카세트테이프에 녹음해서 18년 동안 한나에게 발송했다. 한나는 미하엘이 보내준 카세트테이프를 통해 글자를 익혀 비로소 글을 읽을 수 있게 되었다. 그런데 그녀는 석방 예정일 새벽에 교도소에서 목을 매어 자살한다.

믿음과 결합할 때 열등감은 극복된다

한나는 평생 문맹이라는 사실을 노출시키지 않기 위해 노심초사했으며, 이로 인해 사람들과의 깊은 관계를 차단해 왔다. 마귀가 우리를 무력하게 만드는 큰 무기가 바로 이런 '열등감'이다. 열등감은 우리의 앞길을 막고 소망을 앗아간다.

'탄소'(C)라는 원자가 무엇과 결합하느냐에 따라서 흑연도 되고 다이아몬드도 된다. 열등감과 결합될 때 우리는 괴물이 되고, 하나님과 결합될 때 독수리처럼 날아오르게 된다. 믿음은 하나님과 결합하는 것이고, 하나님을 바라보는 것이다.

> 믿음의 주요 또 온전하게 하시는 이인 예수를 바라보자 ____ 히 12:2

하나님이 레몬 하나를 주셨을 때 자존감이 있는 사람은 적극적으로 도전해서 모두가 좋아하는 레모네이드를 만든다. 열등감에 사로잡힌 사람은 시큼한 레몬을 준 하나님을 원망하며 구렁 속으로 빠져든다.
"국어를 잘하면 뭐 해. 축구는 못 하는데!"
열등감이 가득한 아이는 그렇게 말한다.
"국어는 못 해도 축구는 자신 있어!"
자존감이 높은 아이는 그렇게 말한다.
열등감이 가득한 사람이 골리앗을 만나면 저 큰 덩치를 감당할 수 없다고 지레 움츠러든다. 그러나 거룩한 자존감이 있는 사람이 골리앗을 만나면 이렇게 말한다.
"덩치가 저렇게 크니 아무 데나 돌을 던져도 맞을 거야!"

열등감이란 하나님이 내게 주신 것을 바라보지 않고, 남이 제일 잘하는 것과 자신이 제일 못하는 것을 비교하면서 스스로 자신을 비하하는 것이다. 반면 믿음이란 남의 것을 바라보지 않고 주님이 내게 주신 것을 기뻐하고 감사하며 사는 삶이다. 이것이 열등감을 극복하는 비결이다.

달팽이는 빨리 달리는 노루를 부러워하지 않고, 행복한 컵라면은 짬뽕을 부러워하지 않는다. 달빛으로 삼겹살을 구울 수는 없지만, 달빛은 우리의 서정을 불태운다. 쥐 잡는 데는 천리마보다 고양이가 낫다. 이렇듯 하나님이 지으신 모든 존재는 자신의 역할이 있고 존재의 이유가 있다.

한나는 서정이 깊고 정도 많은 사람이었다. 그 장점으로 많은 사람에게 선을 베풀 수 있었다. 문맹이었던 한나가 주님이 주신 자신의 길을 발견하였더라면 걸림돌 인생이 아니라 걸작품 인생을 살았을 것이다.

돌을 다룰 때 어설픈 아마추어는 망치부터 든다. 그러나 고수 석공은 돌의 결을 먼저 본다. 결대로 치면 돌이 쪼개진다. 힘 가지고 되는 것이 아니다. 만물은 결이 있다. 사물의 결, 역사의 결을 보아야 한다. 바람에도 바람결이 있고, 물에도 물결이 있다. 숨에도 결이 있어 숨결이라고 한다. 우리의 삶에도 결이 있다.

우리는 선한 일을 위하여 하나님이 이 땅에 보내신 존재다.

> 우리는 그가 만드신 바라 그리스도 예수 안에서 선한 일을 위하여 지으심을 받은 자니 ＿＿ 엡 2:10

하나님이 우리에게 주신 선한 목적을 따라 사는 것이 결대로 사는 인생이다. 하나님이 우리 각자에게 주신 결대로 살아갈 때 열등감이 없고 가장 자연스럽다. 불꽃같이 타오른다. 이웃까지 복되게 한다.

스텐 나돌니 | **느림의 발견**

약점이 주님을 만나면 강점이 된다

　존 프랭클린은 19세기 초 북서항로를 개척하기 위해 두 번이나 북극을 탐험하다가 목숨을 잃은 비운의 탐험가다. 유명한 존재는 아니지만, 영국 왕실에서 기사 작위를 받았고 실종된 그를 위해 12년 동안 수십 번 수색대가 파견되기도 했다.

　독일의 작가 스텐 나돌니는 40여 년에 걸쳐 존 프랭클린에 관한 자료를 수집하고, 그가 살았던 지역을 실제로 여행하면서 19세기의 이 탐험가를 새롭게 부활시켰다. 《느림의 발견 1,2》(들녘, 2009)는 존 플랭클린의 일대기를 그렸지만 전기소설이라기보다 '느림'이라는 '약점'을 극복하고 자신의 속도로 삶을 살아간 위대한 도전자로 강한 울림을 준다.

　존 프랭클린은 어려서부터 말과 행동이 너무나 굼떠서 놀림의 대상이었다. 줄을 잡기 위해 한 번 팔을 들면 오랫동안 내릴 줄을 몰랐다. 남의 말을 빨리 알아듣지 못하고, 질문을 받으면 한참 뜸을 들이다가 겨우 대답했다. 어떨 때는 엉뚱한 말을 했다.

그는 남들처럼 '속도'를 갖기 위해 노력했지만 좀처럼 개선되지 않았다. 그러나 그는 점차 자신의 속도에 대해 자신감과 확신을 갖게 된다. 느리다는 본성 때문에 미처 사람들이 보지 못하는 풀과 바람의 움직임을 알아차렸고, 세상과 사람의 세밀한 변화도 파악할 수 있었다.

그는 자신의 '느림' 안에서 빠르면 보지 못하는 새로운 세계를 발견해 갔다. 배를 타게 되면서 더욱 자신을 찾아갔다. 느렸기에 자세히 볼 수 있었고, 정확히 관찰하고 신중하게 판단할 수 있었다. 이런 능력은 항해에 반드시 필요한 것이었다. 그는 이러한 세밀한 관찰과 심리 묘사를 통해 후일 '프랭클린 시스템'이라고 불리는 효율적 조직체계의 토대까지 마련한다.

프랭클린의 이야기는 우리에게 약점이 강점이 될 수 있다는 희망을 선사한다. 그가 살았던 시대는 번쩍이는 기계들이 발명되어 빠른 속도로 물건을 만들어내기 시작하고, 신대륙이라고 부르는 새로운 세상이 발견되면서 모두가 더욱 빠르게 살려고 했던 시대였다. 지금 또한 그러하다. 너무나 빠른 속도 속에 우리는 우리 나름의 속도를 유지하기가 어렵다. 그렇다면 그때나 지금이나 빠른 속도는 장점이고 느린 속도는 약점인가. 존 프랭클린은 빠름을 요구하는 시대에서 자신의 느린 속도, 즉 약점처럼 보이는 느림의 아름다움을 발견하고 자신의 속도대로 승리한 존재다.

김인중의 《안산 동산고 이야기》 중에 이런 구절이 나온다.

"내성적인 학생은 생각을 진지하게 해서 좋습니다.
사교성이 적은 학생은 정직하고 과장되지 않아 좋습니다.
소심한 학생은 실수가 적고 정확해서 좋습니다.
질투심이 많은 학생은 의욕이 넘쳐 좋습니다.
말이 많은 학생은 지루하지 않아 좋습니다.
자신감이 없는 학생은 겸손해서 좋습니다.
직선적인 학생은 속정이 깊어 좋습니다."[60]

동의한다. 내성적인 사람 외향적인 사람, 빠른 사람 느린 사람, 곡선적인 사람 직선적인 사람, 모두가 하나님이 지으신 걸작품이다. 따라서 우리는 약점같이 보이는 것들에 대해 약점을 강점으로 만드는 '믿음의 역발상'이 필요하다.

존 프랭클린은 자신의 약점이었던 '느림'이 오히려 강점이 되게 하는 역발상의 삶을 살았다. 개미는 길을 막는다고 멈추지 않고, 나비는 꽃향기가 나면 담을 넘는다. 믿음은 이와 같다. 거침이 없다. 약점이 있다고 멈추지 않는다. 주님의 은혜로 약점을 강점으로 바꾸어 산다.

약점 때문에 망하거나 약점 덕분에 승리하거나

이와 관련하여 정여울의 《마음의 서재》에 참 고마운 구절이 나온다.

"빨강머리 앤의 머리카락이 탐스러운 금발이었다면, 빈센트 반 고흐가 억만장자였다면, 악성 베토벤의 귀가 남들보다 훨씬 잘 들렸다면, 우리는 그들을 이만큼 애틋하게 사랑할 수 있었을까. 이렇듯 우리가 타인에게 매혹되는 이유는 그의 탁월함 때문이 아니다. 영원히 채울 수 없는 결핍에도 불구하고 그 결핍을 온몸으로 끌어안는 사람들이야말로 가장 매력적인 사람들이다."[61]

빨강머리 앤은 말 그대로 수려한 금발이 아니라 빨강머리이기에 더욱 친근함을 느끼게 한다. 이웃에게 호감을 주는 것은 장점 때문만이 아니다. 오히려 약점을 솔직하게 인정하는 사람들에게서 호감을 느낀다. 약점은 이웃이 나에게 편안히 들어올 수 있는 문(門)이 되기도 한다.

약점이 있는 사람들이 대인 관계를 하는 데 있어서 멋진 전략 하나가 있다. '맥 빠지게 만들기 전략'이다. 자신의 약점을 미리 자발적으로 노출해 상대방의 예상되는 공격을 사전에 차단하는 방법을 '맥 빠지게 만들기 전략'이라고 부른다.

예를 들어 얼굴이 못생긴 배우가 있다고 하자. 사람들은 그에게 어떻게 그런 못생긴 얼굴로 배우를 하느냐고 공격하려 한다.

이때 그 배우는 "여러분도 알다시피 제 얼굴은 못생겼습니다"라고 스스로 인정하고 미리 말해버리면 사람들은 그의 외모에 관한 이슈에 흥미를 잃게 된다.[62] 또한 그렇게 당당하게 약점을 말하는 사람에게 호감을 느낀다.

이렇게 약점이 오히려 강점이 될 수 있다!

〈느헤미야 미니스트리〉의 대표인 블레인 스미스는 할아버지에 대해 연구하다가 흥미로운 사실을 발견한다. 경찰관이던 할아버지의 별명이 '난쟁이', '땅딸보'였다. 그래서 할아버지가 업적을 세웠을 때면 "땅딸보가 범인 두 명을 체포하다" 등으로 기사가 실리곤 했다. 여기서 블레인 스미스는 중요한 교훈을 발견했다. 할아버지는 약점 때문에 오히려 더 주목받고 사랑받게 되었다는 것이다.

또 한 사람을 살펴보자. 마쓰시타 전기, 내쇼날, 파나소닉의 창업자 마쓰시타 고노스케는 어린 시절 아주 가난했다. 그래서 그는 평생 근검절약할 줄 알아 부자가 되었다고 말했다. 또 그는 초등학교도 제대로 졸업하지 못했다. 그러므로 모든 인생을 배우는 자세로 겸손하게 살아서 승리했다고 하였다. 게다가 그는 몸이 약했다. 그러기에 더 조심하고 삼가고, 중요한 일에만 집중하여 95세가 넘도록 장수하며 승리하였다고 하였다. 이렇듯 약점 '때문에' 망하는 사람이 있고, 약점 '덕분에' 승리하는 사람이 있다.

약점 '덕분에' 하나님의 길로 들어서 크게 쓰임을 받은 사람이 바로 C. S. 루이스다. 루이스는 전 세계적으로 큰 영향력을 미친 기독교 변증학자로서 지성적인 그리스도인의 대표적인 인물이다. 특히 그는 저술을 통해 1, 2차 세계대전 이후 무신론이 팽배했던 유럽의 많은 영혼을 주님께 인도했다.

사실, 그가 처음부터 기독교 저술가가 되려고 한 것은 아니었다. 그는 배(船)나 집, 엔진 같은 것들을 만드는 장인(匠人)이 되고 싶었는데 선천적으로 엄지손가락의 관절이 없는 약점이 있었기에 글을 쓰기 시작한 것이었다. 그의 고백을 직접 들어보자.

"내가 글을 쓰게 된 동기는 항상 나를 괴롭혀 오던 문제, 즉 지독히도 손재주가 없다는 문제에 있었다 … 엄지손가락에 관절이 하나밖에 없다. 상부관절(손톱에서 먼 쪽 관절)이 있긴 하지만 형태뿐이다. 우리 형제는 그 관절을 구부리지 못한다. … 나는 … 만들기를 지지리도 못했다. 연필과 펜은 능숙하게 쓸 수 있었고 … 그 때문에 나는 글을 쓰지 않을 수 없었다."[63]

그가 좋은 배를 만드는 인생을 살았다면 나름대로 만족할 수 있었을지는 몰라도 그렇게 많은 영혼을 하나님께로 이끌 수는 없었을 것이다. 결국 그는 약점을 통해 작은 꿈을 깨고 큰 꿈을 이룬 것이다.

약점은 주님의 섭리와 능력이 머무는 곳

우리의 약점은 이웃이 들어오는 문일 뿐 아니라 주님의 섭리의 공간, 주님의 능력이 머무는 공간이 될 수 있다.

모세는 입이 둔하여 아론과 동역할 수 있었다. 바울 사도는 육신의 가시가 있었기에 더욱 겸손하며 주님만을 의지하였다. 그 결과 그의 약점은 하나님의 섭리와 능력이 머무는 공간이 되었다.

> 나에게 이르시기를 내 은혜가 네게 족하도다 이는 내 능력이 약한 데서 온전하여짐이라 하신지라 그러므로 도리어 크게 기뻐함으로 나의 여러 약한 것들에 대하여 자랑하리니 이는 그리스도의 능력이 내게 머물게 하려 함이라 그러므로 내가 그리스도를 위하여 약한 것들과 능욕과 궁핍과 박해와 곤고를 기뻐하노니 이는 내가 약한 그때에 강함이라 ＿＿ 고후 12:9,10

우리는 가끔 이런 상상을 한다.

"나의 약점을 모조리 빼버리고 장점만 모아 놓는다면 가장 완벽한 사람이 되지 않을까?"

장미는 그 수려한 꽃송이뿐 아니라 가시까지 포함해서 장미라고 한다. 그렇듯 약점은 존재의 치부가 아니라 존재의 어엿한 일부이다.

정상(頂上)에 오른 사람은 하나같이 정상(正常)이 아니다. 정상에 오른 사람들은 강점은 더욱 강점으로, 그리고 약점도 강점으로 바꾸는 비정상 같은 역발상을 가지고 있는 사람들이다.

약점과 나의 부정적인 자아가 만나면 비참해지지만, 약점과 하나님의 은혜가 만나면 강점이 될 수 있다. 새로운 창조의 길이 열리고, 자신만의 '독특한 스토리'가 될 수 있다.

세레나 발렌티노 | **디즈니의 악당들**

상처가 꽃이 되는
사람들

　디즈니 영화의 주인공들은 너무 수려해서 눈이 부실 정도다. 백설공주, 신데렐라, 오로라, 애리얼, 벨, 자스민, 포카혼타스, 뮬란….

　그러나 세레나 발렌티노의 소설 《디즈니의 악당들》(라곰출판사)은 디즈니의 주인공이 아닌 악당 캐릭터에 주목한다. 그들은 어쩌다 질투와 집착, 자만과 오만, 증오와 분노를 쏟아내는 악당이 되었는지, 이들이 악당이 되어가는 과정을 허구적 상상을 통해 그려낸다. 9권까지 계획되어 있으며, 한국판에서는 2021년 현재 6권까지 나왔다.

　《디즈니의 악당들》 첫 번째 이야기는 '사악한 여왕'으로, 백설공주에게 독이 든 사과를 먹인 계모, 새 여왕의 이야기다. 그녀는 질투와 집착의 화신이다. 두 번째 주인공은 자만과 오만의 외로운 캐릭터 《미녀와 야수》 속 저주받은 야수다. 세 번째 주인공은 《인어공주》 속 버림받은 바다 마녀 우르술라로서, 증오와 분노의 캐릭터다.

네 번째 주인공은 《잠자는 숲속의 공주》에서 공주의 탄생 연회에 초대받지 못한 요정 말레피센트다. 분노한 이 요정은 오로라 공주를 저주한다. 다섯 번째 주인공은 《라푼젤》 속 가짜 엄마 고델이다. 그녀는 자신의 상처로 인해 공주 라푼젤을 납치하고 높은 탑 안에 가둬버린다. 여섯 번째 주인공은 《101마리 달마시안》에서 '개를 훔친 이웃집 여자' 크루엘라 드 빌이다. 그녀는 사랑과 배신을 경험하면서 모피 코트를 향한 집착으로 개를 훔치는 빌런이 된다.

그 중 첫 번째 이야기 《사악한 여왕》을 보자. 이른바 백설공주의 계모 이야기다.

소설에서 새 왕비이자 백설공주의 새어머니인 그녀는 처음부터 악한 사람은 아니었다. 그녀는 오랫동안 자식을 기다리던 부부에게서 태어난 소중한 딸이었으나 아름다운 어머니가 그녀를 낳다가 세상을 떠나자 아버지는 딸을 미워하기 시작했다. 아버지는 딸에게 못생겼다며 저주하고 폭언을 일삼았고 그녀는 아버지의 사랑과 인정에 목말라 갔다.

그녀의 아버지는 명품 거울을 만드는 거울의 장인(匠人)이었다. 어느 날, 거울 장인의 명성을 듣고 집에 방문한 왕의 눈에 띄어 그녀는 궁에 입성하게 된다. 새 여왕이 된 그녀는 자애로운 여왕이자 딸 백설공주를 사랑하는 새엄마가 되기로 결심했고 그녀의 결혼 생활은 처음에는 행복했다.

하지만 왕이 대부분의 시간을 전쟁터에서 보내다 결국 전사하자 새 왕비는 어린 시절의 아픔이 밀려온다. 중심을 잃은 그녀는 왕의 먼 친척인 못된 세 자매의 계략에 넘어가 마술 거울과 자신의 외모에 집착하게 된다. 마술 거울에게 "거울아 거울아, 세상에서 누가 가장 아름답니?"라고 묻고 또 묻는다. 자신보다 백설공주가 더 아름답다는 말에 시기와 질투를 이기지 못하고 백설공주를 죽이기로 결심한다….

《디즈니의 악당들》에 나오는 악당들은 대부분 상처로 일그러진 자아상을 갖게 되고 결국 악당이 되어간다. 일면 이해가 간다. 그러나 상처가 우리의 삶을 완전히 결정한다면, 상처를 겪은 사람은 모두 악당이 되어야 한다.

똑같은 풀을 먹어도 뱀은 독을 만들고 꽃은 꿀과 향기를 만든다. 똑같은 비를 맞아도 가시나무를 돋게 하는 땅이 있고, 소녀 같은 꽃을 피우는 땅이 있다. 똑같은 고난을 겪고도 어떤 사람은 폐인(廢人)이 되고, 어떤 사람은 시인이 된다. 상처를 경험한 사람 중에는 악당이 되지 않고, 그 상처를 계기로 더욱 성숙하는 사람도 많다.

이현우의 《로쟈의 러시아 문학 강의》에 보면 톨스토이의 어린 시절에 관한 이야기가 나온다.

"아홉 살에 고아가 되어 여러 친척 집을 전전하는 동안 톨스토이는 늘 눈치를 볼 수밖에 없었는데, 남의집살이를 하게 되면 아무래도 '저 사람들이 나를 어떻게 생각할까?' 하고 예민하게 반응하게 되죠. 그런 심리가 체질화된 탓도 있을 겁니다. 그 덕분에 톨스토이는 어린 나이에 대단한 관찰력의 소유자가 됩니다. 톨스토이 작품에 나타난 섬세한 묘사는 아마도 그런 숙련 과정의 결과가 아닌가 싶습니다."[64]

어린 시절부터 고아가 되어 남의집살이를 했던 톨스토이는 사람들을 세밀하게 살피는 관찰력의 소유자가 되었다. 그 세밀함이 작품 속에 녹아들면서 그의 아픔을 승화시켰다. 상처가 꽃이 되는 경우다.

상처가 하나님의 은혜를 만나면 향기가 된다

다이아몬드는 원래 색이 없다. 그런데 핑크빛 다이아몬드처럼 색이 있는 다이아몬드가 있다. 어떻게 핑크빛을 내는 것일까? 그 속에 불순물이 있기 때문이라고 한다. 다이아몬드 자체에 빛이 있는 것이 아니라 불순물이 반사되어 색이 나오는 것이다. 우리 인생도 마찬가지다. 인생의 불순물이 나쁜 것만은 아니다. 또 불순물이 다 없어져야 좋은 것도 아니다. 상처가 인생의 덫이 될 수도 있지만, 꽃이 될 수도 있다.

'인간'(人間)의 우리말은 '사람 사이'다. 우리는 '사이'의 존재다. 풀잎에도 상처가 있듯이 불완전한 사람끼리 사는 사람 사이에서 상처가 없는 사람은 없다.

상처를 치유하는 방법이 여러 가지 있지만 본질적이고 궁극적이지는 않다. 왜냐면 모든 상처의 근원은 죄이기 때문이다. 그러므로 우리의 상처를 하나님의 은혜 아래로 가져와야 한다. 상처를 흑암의 권세 아래, 저주 아래 두어서는 안 된다. 상처를 사탄이 이용하게 해서는 안 된다. 상처를 사탄이 이용하지 못하게 하는 길은 우리의 상처를 하나님께로 가져오는 것이다.

불순물과 상처가 하나님의 은혜와 만나면 꽃이 되고 별이 된다. 우리의 탄식을 하나님께로 가져오면 찬송이 된다. '기술가의 상처'가 하나님의 은혜를 만나면 '예술가의 깊이'로 변한다.

하나님은 시편을 통해서 광야가 못이 되며 마른 땅이 샘물이 되게 하는 은혜를 말씀하셨다.

> 또 광야가 변하여 못이 되게 하시며 마른 땅이 변하여 샘물이 되게 하시고 ____ 시 107:35

누가복음 15장에는 잃은 양, 잃어버린 드라크마, 잃었던 작은아들 탕자의 이야기가 나온다. 모두가 잃어버림, 즉 상실의 상처를 경험했던 사람들이 회복한 후에 누리는 기쁨을 기록한 이야기다. 우리 하나님은 이렇듯 회복을 주시는 하나님이시다.

열매는 꽃이 진 자리, 그 상처 위에 맺힌다. 우리는 그리스도의 향기다. 향기로운 사람들은 상처가 없어서 향기로운 것이 아니다. 상처를 승화시켜 향기를 만든 것이다. 하나님은 우리의 상처를 향기로, 우리의 눈물을 진주로 만드신다.

우리는 진주가 만들어지는 과정을 알고 있다. 진주는 광물 속에서 캐내는 보석이 아니라 조개의 몸 안에서, 즉 생명체에서 만들어지는 보석이다. 생명체에서 만들어졌기에 그 영롱함의 의미가 다르다. 조개 안에 모래알 같은 이물질이 들어오면 조개는 너무 아파서 그것을 감싸기 위해 '나카'라는 체액을 분비하는데, 그 체액이 쌓이고 쌓여 진주가 된다. 진주는 아픈 상처를 영롱한 아름다움으로 승화시킨 결과다. 하나님은 성도들이 모든 삶을 마치고 마침내 도착하는 천국 문을 '진주 문'이라고 하였다.

> 그 열두 문은 열두 진주니 각 문마다 한 개의 진주로 되어 있고 성의 길은 맑은 유리 같은 정금이더라 ____ 계 21:21

천국 문이 진주로 되었다는 사실은 그 문이 상처를 통해 만들어졌다는 것을 의미한다. 상처가 하나님의 은혜를 만나 천국 문이 된 것이다.

　세계에서 가장 좋은 향수 중 하나는 발칸산맥의 장미에서 나오는데 그곳에서는 좋은 향수를 만들기 위해 한밤중에 장미를 딴다고 한다. 햇빛도 없고 공기도 차가운 밤에 모든 식물이 활동을 멈추고 움츠러드는 그때, 장미는 오히려 가장 깊은 향기를 발하기 때문이다. 여름의 상처가 깊을수록 가을의 단풍은 더욱 선명해진다. 상처가 클수록 진주는 더욱 커지고 향기는 더욱 짙어진다.

　우리의 상처가 하나님의 은혜를 만나면 상처는 칼자국이 아니라 꽃무늬가 된다. 악당이 되지 않고 꽃향기 가득한 은혜의 사람이 된다. 이웃을 더욱 이해하는 향기, 더욱 포용하는 향기, 더욱 사랑하는 향기가 가득한 사람이….

엘리 위젤 | **나이트**

네가 아프니
나도 아프다

"아프냐? 나도 아프다."

사극 〈다모〉(茶母)에서 채옥의 상처를 치료해주면서 포도청 종사관 황보윤이 한 대사다. 드라마를 보던 많은 시청자의 가슴을 저몄고 탄성을 자아냈다.

'사랑해'라는 명제를 이야기로 풀어보면 "당신이 아프면 나도 아픕니다"이다. 또한 "내 가슴엔 당신의 아픔이 있습니다"이다. 부모는 자녀가 아프면 자신도 아프기를, 아니, 차라리 자신이 아프기를 바란다. 그것이 사랑이다.

내가 아프면 가슴이 아픈 사람이 있고 머리가 아픈 사람이 있다. "너만 아프냐? 나도 아프다"라며 매정한 사람 앞에서는 아무 말도 할 수 없다. 아픈 사람에게 이른바 '팩트체크'를 하면서 충고해주는 사람을 만나면 더욱 괴로울 뿐이다. 아픈 사람에게는 충고가 아닌 따뜻한 위로가 필요하다. 깊은 고난 속에 있는 사람에게 "네가 아프니 나도 아프다"라며 공감하는 마음이 얼마나 위로가 되는지 모른다.

아픈 우리는 낫기를 원한다. 그런데 지금 당장 낫지 않더라도 이 아픔을 공감하며 같이 아파해주는 사람이 곁에 있다면 분명 치유의 시작이 될 수 있다.

2차 세계대전 당시, 어린이 150여만 명을 포함해 600여만 명의 유대인이 나치에 의해 무참하게 학살되었다. 1986년 노벨평화상을 수상한 유대인 작가 엘리 위젤은 그 학살의 현장에 있었다. 그는 1944년 열다섯 살의 나이로 악명 높은 아우슈비츠 수용소에 수감되어 그곳에서 부모님과 여동생을 잃고, 말할 수 없는 고초를 겪었다. 그의 자전적 소설 《나이트》는 그때의 이야기를 생생하게 전하고 있다. 그중에서도 결코 잊을 수 없는 일이 있었다.

어느 날, 카포(Kapo, 나치 수용소의 포로 감시원) 가운데 마음씨 좋던 네덜란드 사람의 탈출 음모가 있었다. 이에 나치는 동조한 두 명의 유대인과 그 사람의 시종이었던 피펠이라는 소년을 심하게 고문하고 교수대에 매달았다. 두 명의 유대인은 빨리 숨이 끊어졌지만, 몸무게가 가벼운 그 소년은 쉽사리 숨이 끊어지지 않고 고통스럽게 매달려 있었다.

그 처참한 광경을 보고 있던 엘리 위젤의 뒤에서 누군가 말했는지 작은 소리가 들렸다.

"하나님은 어디 계신가? 도대체 어디 계시는 것인가?"

소년을 매단 밧줄은 여전히 흔들리고 있었다. 깊어가는 고통으로 죽어가는 소년을 바라보며, 엘리 위젤의 뒤에서 다시금 작은 소리가 들렸다.

"하나님은 어디에 있는가?"

그리고 엘리 위젤은 자신의 내부에서 그 작은 소리에 응답하는 음성을 들었다.

"하나님이 어디 있냐고? 여기 교수대에 매달려 있지."[65]

그렇다. 하나님은 거기 계셨다. 우리 고난의 현장에, 눈물의 현장에 말이다.

"거기 계셨던 하나님!"

왜 하나님은 무능하게 고통당하고 계셨을까

그렇다면 여기서 중요한 질문이 하나 있다. 전능하신 하나님은 왜 그렇게 무능하게(?) 교수대에 매달리고 계셨는가? 벼락을 내려서 교수대를 부숴버리든가, 지진을 일으키시든가, 아니면 그 순간에 연합군 특공대를 보내셔서 그 소년을 구할 수는 없었던 것일까? 이런 멋진 '해결!'을 하지 않으시고 왜 같이 교수대에 매달리셨는가? 왜 무기력하게(?) 그 처참한 현장에서 침묵하고 계셨는가? 하나님은 전능하지 않으신가?

랍비 해롤드 쿠쉬너 같은 사람은 그렇게 말할 것이다. 사랑하는 아들을 잃었던 쿠쉬너는 전능하지 않은 하나님에 대해 말했다. 하나님은 우리를 사랑하시지만 우리의 참혹스러운 문제를 해결할 능력은 없으시다고.[66]

그러나 분명 아니다. 하나님은 분명 전능하시다. 그 순간에 벼락이나 지진이나 특공대를 보내서 구해내지 않으신 것은 분명 이해할 수 없다. 그러나 그런 일을 하지 않으셨다고 해서 하나님이 전능하지 않으신 것은 아니다.

그렇다면 '교수대에 같이 매달리신 하나님'은 무엇을 의미하는 것일까?

이 고통스런 질문을 살피기 위하여 먼저 큰 고통을 당한 한 사람에 대해 말해보자.

예일대학 철학교수인 니콜라스 월터스토프(Nicholas P. Wolterstorff)는 기독교 철학자로 기독교계뿐 아니라 일반 철학계에서도 상당한 명성을 지닌 철학자다. 안타깝게도 그는 촉망받던 25세의 대학생 아들 에릭을 산악 사고로 잃었다. 에릭은 좋은 신앙인이었다. 월터스토프는 땅에 아들을 묻을 때 자신이 묻힌 것이라고 했다. 그러면서 아들의 사고 후 누군가에게 자신을 소개할 때 속으로 이렇게 말했다.

"저는 아들을 잃은 사람입니다!"

그에게 아들을 잃은 고통은 그대로 그의 정체성이 된 것이다.

그리하여 그가 쓴 《나는 사랑하는 사람을 잃었습니다》는 애끓는 고백과 하나님께 처절하고 몸서리치는 질문들로 가득하다.

"하나님께서는 왜 에릭이 추락하는 것을 지켜만 보셨는지, 나는 그 이유를 모른다. 하나님께서는 왜 내가 상처받는 것을 지켜만 보시는지, 나는 그 이유를 모른다. 추측도 할 수 없다. … 대답 없는 질문이 내 상처인 것이다."[67]

그는 좋은 신앙인이자 철학자다. 누구보다도 고난에 관한 이론에 정통한 학자다. 그런 그가 자식을 아비의 손으로 묻어야 하는 참담함에 직면하여, 묻고 또 묻는다.
"왜요?"
"하나님, 왜 대답이 없으신가요?"
구약성경의 하박국도 욥도 그렇게 고통스럽게 물었다. 세계적인 기독교 변증학자 C. S. 루이스도 사랑하는 아내를 잃고는 견딜 수 없는 질문을 하나님께 하였다. 소설가 박완서도 아들을 잃고 "한 말씀만 하소서!" 하면서 고통스럽게 물었다. 비단 이들 뿐만이 아니다. 깊고 깊은 고난을 당하면 우리 모두 예외 없이 그런 질문을 할 것이다.

월터스토프는 그 어떤 슬픔에 관한 책도, 고통과 악에 대한 설명을 한 신정론(神正論)도, 어떤 위로의 말들도, 심지어는 성경을 읽어도 위로가 되지 않았다고 한다. 그러면서 이런 고백을 하였다.

"내가 진정 듣고 싶은 말은 자식의 죽음이 얼마나 고통을 안겨주는지 당신이 알고 있다는 말이다. 나는 당신이 절망 가운데 있는 나와 함께 있다는 말을 듣고 싶다."[68]

그에게는 이 찢어지는 마음을 공감해주고 알아주는 존재가 절실히 필요했던 것이다.

묻고 싶다. '해결'이 아니라 진실로 '공감하는 것'으로도 위로가 되겠는가? 이 질문은 조금 더 뒤에 답을 찾아보기로 하자.

고난을 당한 욥이 하나님을 찾아가는 과정과도 같이 고통스러운 과정에서 끝내 월터스토프가 깨달은 것이 있다. 사랑에는 고통이 함께 있다는 사실이다. 사랑이 없었다면 고통도 없다. 아들을 향한 극진한 사랑이 그의 고통의 원인인 것을 알았다.

그렇게 젖은 눈으로 세상을 바라보니 다른 이웃들의 고통을 이해하게 되었다. 그뿐만 아니라 하나님도 '고통받는 하나님'이시라는 것을 알게 되었다고 한다.[69] 월터스토프에게 나타나신 하나님은 우리의 고통으로 인해 괴로워하시는, 고통을 느끼시는, 울고 계시는 하나님이시다.

하나님은 사랑하는 자녀들로 인해 아프시다.

우리가 죄를 지을 때, 어서 빨리 죄의 심판을 준비하는 하나님이 아니라 "왜 그런 죄를 범하였는가?" 하시며 고통스러워하는 하나님이시다. 당신의 백성이 범한 죄악 자체가 아픔이고, 책망하는 것 또한 아픔이다.

우리가 고난을 받을 때, 하나님은 어린아이가 매달려 있는 그 교수대 위에, 폭탄이 내려앉은 그 건물 안에, 갓난아기를 내다 버린 그 휴지통 안에, 우리와 우리 자녀가 누워 있는 침상 안에, 우리의 눈물과 고통 속에 같이 계신다. 우리의 모든 죄를 짊어지고 십자가에 달리신 예수님은 "나의 하나님 나의 하나님 어찌하여 나를 버리시나이까?" 하면서 고통 속에 울부짖으셨다. 성령님도 우리와 함께 이루 다 말할 수 없이 탄식하는 하나님이시다(롬 8:26).

하나님은 우리의 모든 고통을 보고도 초연하게 계신 전적 타자(全的他者)이거나 초월자가 아니라, 우리 안에서 우리와 함께 고통을 느끼는 하나님이시다.

해결 아닌 공감만으로도 위로가 될까

그래도 여전히 궁금하다. '해결'이 아니라 진실로 '공감하는 것'으로도 위로가 되겠는가?

이 질문에 답하기 위해 중세 시대로 가보자.

중세 유럽인들은 흑사병 이전에 맥각 중독증으로 수없이 생명을 잃었다. 맥각 중독증은 맥각균에 오염된 호밀이나 보리 곡물을 섭취해 걸리는 병이다. 밀을 주식으로 하던 유럽인에게는 치명적인 질병으로, 이 병에 걸리면 손끝과 발끝이 불에 타들어 가는 듯한 고통을 겪다가 괴사해 사지를 절단해야만 하는 끔찍한 괴질이었다.

흑사병과 맥각 중독증의 공포에 휩싸였던 중세 유럽인들은 치유를 희망하면서 치유의 은사가 있다고 믿는 수도원을 찾았다. 제일 유명한 곳이 병원 역할을 했던 안토니우스 수도원이었다. 이곳에는 마티아스 그뤼네발트가 그린 '이젠하임 제대화'가 있다. 제대화(祭臺畵)란 미사를 거행하는 제대 위에 올려놓는 그림으로 중앙 제대와 양쪽의 보조 제대로 구성되어 있다.

환자들은 치료를 받으며 이 제대화를 보면서 위로를 받았다. 이젠하임의 제대화에는 예수님이 맥각 중독증 환자처럼 손발이 뒤틀려 있고, 여러 상처로 피부가 찢겨 있는 모습이 나오기 때문이다. 일반적으로 보아왔던 수난 받는 그리스도의 모습이 아니라, 바로 자신들이 고통받고 있는 '맥각 중독증에 걸려' 고통받는 그리스도의 모습이다. 이 그림을 보면서 환자들은 "그리스도께서 내가 겪고 있는 이 고통을 같이 겪으시는구나!" 하면서 위로를 얻은 것이다.

미술사 전공의 양정무 교수는 이렇게 말했다.

> "당시 환자들은 이토록 참혹한 모습을 보면서 적잖이 위안과 평안을 느꼈을 겁니다. 구세주가 자기들보다 훨씬 더 심한 고통을 겪었다는 걸 목격한 거니까요."[70]

다시 엘리 위젤의 《나이트》로 돌아가 보자. 죽음의 수용소에서 극적으로 살아난 엘리 위젤은 프랑스 파리로 가게 되었다. 그곳에서 노벨문학상 수상자인 프랑수아 모리악을 만났다. 엘리 위젤이 교수대 아래서 들렸던 신비로운 그 목소리의 체험을 말해주자 모리악은 이렇게 대답했다고 한다.

"나는 그 목소리의 주인공을 알 것 같습니다. 그분은 아마도 나사렛 예수일 것입니다. 그분의 별명은 임마누엘이라고 합니다. '하나님이 우리와 함께하신다'는 의미이지요. 그는 십자가에 달려 처형당한 분이십니다. 그리고 그는 인간이 이런 불의한 고난을 당할 때마다 그 현장에서 함께 아파하시면서 매달려 계시는 분이십니다."[71]

하나님은 고통의 구경꾼이 아니라 그 고통에 함께하시는 분이다. 하나님은 당신이 사랑하는 백성들의 아픔을 팔짱 끼고 바라보는 매정한 신이 아니라 자녀가 아프면 자신은 더 아파하는 부모와 같다.

이제 질문에 답해보자.

"'해결'이 아니라 진실로 '공감하는 것'으로도 위로가 되겠는가?"

하나님이 문제를 없애주시고 아픔을 고쳐주시면 제일 좋겠다. 그런데 하나님이 우리의 고통에 함께하신다는 사실만으로도 말할 수 없는 위로가 된다. 엘리 위젤이 그것을 느꼈고, 월터 스토프가 느꼈고, 괴질에 걸려 고통받던 중세의 성도들이 그러하였고, 나 또한 그것을 느꼈다.

나의 깊고 깊은 고난의 때, 나를 위해 가슴 깊이 울어주던 분이 있었다. 그분의 울음이 나의 병을 고치지는 못했으나 그 사랑의 울음은 나의 아픔 이상으로 깊고 푸르게 마음에 새겨져 있다. 고통 속에서 느끼는 최고의 사랑이고 아름다움이었다. 아니, 고통받은 자만이 느낄 수 있는 깊고 깊은 행복이고 위로였다.

"나에게 왜 이런 고통이 있는 것일까?"
"하나님은 왜 고쳐주시지 않는 것인가?"

이 질문은 천국에 가서 드려보자.
그러나 하나님의 이 음성이 감사하다. 눈물겹다.

"아프냐? 나도 아프다."

정호승 | 내가 사랑하는 사람

그대의 그늘까지도 사랑한다

나는 그늘이 없는 사람을 사랑하지 않는다
나는 그늘을 사랑하지 않는 사람을 사랑하지 않는다
나는 한 그루 나무의 그늘이 된 사람을 사랑한다
햇빛도 그늘이 있어야 맑고 눈부시다
나무 그늘에 앉아
나뭇잎 사이로 반짝이는 햇살을 바라보면
세상은 그 얼마나 아름다운가

나는 눈물이 없는 사람을 사랑하지 않는다
나는 눈물을 사랑하지 않는 사람을 사랑하지 않는다
나는 한 방울 눈물이 된 사람을 사랑한다

기쁨도 눈물이 없으면 기쁨이 아니다
사랑도 눈물 없는 사랑이 어디 있는가
나무 그늘에 앉아
다른 사람의 눈물을 닦아주는 사람의 모습은
그 얼마나 고요한 아름다움인가[72]

   태양을 향해 서면 밝은 햇살을 가득 맞지만, 동시에 뒤에는 그늘이 생긴다. 그늘은 어쩔 수 없는 삶의 한 부분이다. 햇빛이 미끄러져 내리는 나뭇잎의 앞면도 있지만, 뒷면의 아련한 그늘도 나뭇잎의 한 부분이다. 다들 빛을 좋아하지만, 삶에는 그늘을 맞는 경우가 많다.
   그런데 시인은 고맙게도 "나는 그늘이 없는 사람을 사랑하지 않는다"라고 말하고, 같은 뉘앙스로 "나는 눈물이 없는 사람을 사랑하지 않는다"라고 한다. 그는 또 〈수선화에게〉라는 시의 첫머리에서 이렇게 말했다.

울지 마라
외로우니까 사람이다[73]

   '그늘'을 삶의 피할 수 없는 본질로 본 것이다. 그러나 그늘이 있다고 해서 나와 그늘을 동일시한다면 삶이 한없이 추락한다. 회색에는 검은색과 흰색이 섞여 있듯이, 그늘은 나의 전부가 아니라 수많은 삶의 영역 중 일부일 뿐이다. 그러니 그늘 앞에 벌벌 떨지 말자. 더구나 하나님은 우리의 그늘을 껴안으시고, 우리의 그늘에 대한 아름다운 해석을 주시니, 그늘 앞에서 노예가 될 필요가 없다.

이런 좋은 상상을 해본다. 시인이 말한 "나는 그늘 없는 사람을 사랑하지 않는다"라는 말을 주님이 하신다면 얼마나 좋을까. 그렇다면 우리는 큰 힘을 얻을 것이다. 나는 주님이 이 말을 우리에게 하신다고 믿는다.

예수님은 달동네 출신이시다. 마구간에서 태어나고 가난한 목수의 아들로 사셨다. 그래서 예수님은 그늘진 환경에서 사는 사람들을 충분히 이해하고 사랑하신다. 특히나 요한계시록을 읽을 때마다 마음에 저미도록 와서 닿는 말씀이 있다.

> 이는 보좌 가운데에 계신 어린양이 그들의 목자가 되사 생명수 샘으로 인도하시고 하나님께서 그들의 눈에서 모든 눈물을 씻어주실 것임이라 ____ 계 7:17

우리의 눈물을 씻어주시는 주님. 주님은 우리가 눈물을 흘릴 수밖에 없는 삶을 살고 있음을 알고 계시는 것이다. 주님이 이 땅에 오셔서 우리의 슬픔을 몸소 겪으셨기에 그러하다.

> 그는 멸시를 받아 사람들에게 버림받았으며 간고를 많이 겪었으며 질

고를 아는 자라 마치 사람들이 그에게서 얼굴을 가리는 것같이 멸시를 당하였고 우리도 그를 귀히 여기지 아니하였도다 ____ 사 53:3

하나님은 이사야 선지자를 통해 메시아 예수님에 관해 예언하셨다. 우리의 메시아는 삶의 간고를 많이 겪었다고 하였다. 슬픔을 많이 겪었다는 말이다. 또한 질고를 아는 자, 즉 병을 아는 자라고 말씀하신다. 예수님은 병자들이 가진 애환과 슬픔과 고통을 아셨다는 말이다.

요한복음 8장을 보면 사람들이 청년 예수님을 50대에 가까운 사람으로 본 듯한 구절이 나온다.

"유대인들이 이르되 네가 아직 오십 세도 못되었는데 아브라함을 보았느냐?"(요 8:57)

그만큼 삶의 그늘로 얼룩진 얼굴이 우리 주님의 얼굴이었다. 예수님은 또한 통곡하며 우셨다. 한마디로 우리의 모든 그늘을 같이 느끼며 이해하시기에 이렇게 말씀하고 계시지 않는가.

"너의 그늘을 안다. 나는 그늘 있는 사람을 사랑한다."

그런데 여기서 그치지 않는다. 주님은 우리의 그늘진 눈물을 이해하실 뿐 아니라, 그늘을 통해 우리를 성숙하게 하시며, 더 나아가 우리의 그늘을 선하게 사용하셔서 그늘진 사람을 위로하게 하신다. 이것이 기쁜 소식, 즉 복음의 또 하나의 능력이다.

그렇다. 하나님은 우리가 겪는 그늘을 통하여 우리를 향기롭게 성숙시키신다. 판소리에서 생(生)의 쓰고 맵고 어렵고 힘든 인생살이가 녹아들어 있는 소리를 '그늘이 있는 소리'라고 한다. 아무리 소리를 잘해도 "저 사람 소리엔 그늘이 없어"라는 말을 들으면 아직 멀었다는 뜻이라고 한다. 그늘을 모르는 노래, 그늘을 모르는 설교, 그늘을 모르는 인생은 메마른 사막과 같다. 빛만 계속되면 가물어진다.

겨울이 없는 열대 나무에는 나이테가 없듯이 고난과 그늘을 통과하지 않은 인생에는 향기가 없다. 곧은 나무보다 고난을 먹어 구부정한 나무가 정감이 간다. 부부도 서로 시간을 먹고 고난을 먹고 구부정해져야 말이 통한다. 이렇듯 고난을 통해 자신의 그늘을 인식하는 빛나는 영성과 타인의 그림자를 보듬어주는 따스한 감성이 겸비될 때 습기 있는 인생이 된다. 상처가 있는 과일이 향기롭듯이 사람도 고통과 슬픔을 겪어본 그런 그늘 있는 영혼이 향기롭고 아름답다.

정호승 시인이 '그늘 있는 사람'을 말하듯이, 송수권 시인은 〈퉁〉이라는 시에서 '그늘 있는 맛'을 말한다.

벌교 참꼬막 집에 갔어요.
꼬막 정식을 시켰지요
(중략)

남도 시인 - 이 맛을 두고 그늘이 있다나 어쩐다나
그래서 그늘 있는 맛, 그늘 있는 소리, 그늘
있는 삶, 그늘이 있는 사람
그게 진짜 곰삭은 삶이래요[74]

(후략)

맛에는 단맛, 짠맛, 쓴맛, 신맛, 매운맛, 떫은맛뿐만 아니라 설명하지 못하는 맛이 많다. 시인에 따르면 '그늘 있는 맛'이 있다고 한다. '그늘 있는 맛'이란 '곰삭은 삶'에서 나오는 맛이다. 곰삭은 맛은 오래된 장이나 젓갈처럼 오래되어 발효된 맛이다. 그러므로 '곰삭은 삶'이란 오랜 시간 동안 온갖 풍파를 견디면서 지켜낸 성숙한 삶을 의미한다. 시인은 이런 곰삭은 삶에서 '그늘 있는 맛' 멋진 맛이 난다고 했다.

그늘이 있는 사람의 멋과 그늘이 있는 멋진 맛. 그런 멋과 맛이 향기롭다.

그리하여 빛 속에서 바라본 빛보다는 그늘 속에서 바라본 빛이 더 눈부시다. 그늘을 겪고 난 뒤에 '나무 그늘에 앉아 / 나뭇잎 사이로 반짝이는 햇살을 바라보면' 그늘 속에서만 볼 수 있는 미묘한 중간색을 본다. 그늘 속에서만 볼 수 있는 더 깊은 아름다움이 있다.

하나님은 그늘을 통해서 우리를 이렇게 성숙시켜 향기로운 열매를 맺게 하신다.

뿐만이 아니다. 하나님은 우리의 그늘을 선용하시어 이웃을 위로하게 하신다. 눈물이 없고 그늘이 없는 사람의 마음은 돌덩이 같아서 이웃의 고통을 느끼지 못한다. 이런 사람을 만나면 싸늘한 정죄만 있을 뿐이다.

정호승 시인의 말을 다시 들어보자.

나무 그늘에 앉아
다른 사람의 눈물을 닦아주는 사람의 모습은
그 얼마나 고요한 아름다움인가

자신의 그늘을 통해 그늘진 사람의 눈물을 닦아주는 그 아름다움!

'아름다움'은 상처를 극복한 '사람다움'이다.

하나님은 밝은 '나팔꽃'도 사랑하시지만 그늘진 '달맞이꽃'도 사랑하신다. 사람마다 어떤 사람은 나팔꽃이 되기도 하고 어떤 사람은 달맞이꽃이 되기도 한다. 밝은 태양처럼 사람들을 밝혀주는 사람이 있는 반면에 나무 그늘처럼 지친 사람들이 찾아와서 쉬도록 그늘이 되어주는 사람이 있다.

하나님이 우리에게 그늘진 골짜기를 통과하게 하시는 이유는 다른 사람의 그늘이 되게 하시기 위함이다. 그늘진 사람들의 고통을 이해하고, 그들의 눈물을 씻어 위로해줄 수 있는 사람이 되게 하시기 위함이다.

빛과 어둠만으로 세상을 본다면 컬러 세상을 흑백으로만 보려는 것과 같다. 빛과 어둠만 있는 것이 아니라, 그 사이에 '그늘'이라는 것도 있다. 우리는 모두 빛같이 빛나게 살기를 원하지만, 뜻하지 않은 어둠을 맞는 경우가 많다. 어둠을 만났다고 어둠이 되면 삶이 무너진다. 어둠을 만났지만 어둠이 되지 않으려고 몸부림치는 기도 속에 어둠은 '그늘'이 된다. 우리의 어둠이 하나님을 만나면 그늘이 된다. 어둠은 괴로움이지만, 그늘은 아름다움이다.

예수님은 그늘을 겪은 분이시기에 그늘 있는 사람을 이해하고 사랑하신다.

하나님은 그늘을 통해 우리를 성숙시키신다. 그리고 그 그늘을 선용하셔서 그늘진 사람들을 위로할 수 있는 사람이 되도록 도와주신다. 그러니 그늘을 너무 무서워하지도, 부끄러워하지도 말자.

여영미 | **도마**

수많은 칼집이 있는
그대에게

방패보단 도마가 되기로 했어

모두가 피하는 칼

늠름히 받아내며

울퉁불퉁한 모든 삶의 재료

내 안에서 알맞게 반듯해지고

다져지는데

까짓 칼자국이야

한두 개일 때 흉터,

삶이 되고 보면

꽃보다 향기로운 무늬가 된다[75]

시의 마지막 대목이 참 당당하고 멋지다.

"까짓 칼자국이야! 한두 개일 때는 흉터지만, 하도 많이 칼자국을 받아서 아예 삶이 되고 보면, 꽃보다 향기로운 무늬가 된다."

가족을 위해 많은 일을 하는 맏형 맏언니가 있다. 맏며느리가 있고 큰 사위가 있다. 비단 맏이가 아니더라도 맏이 역할을 하면서 어디서든 많은 일을 하는 사람이 있다. 교회에도 그런 또순이 같은 성도님들이 있다. 이들은 모두 도마같이 고마운 사람들이다. 그런데 이들은 일을 많이 하는 만큼 상처도 많다.

도마가 자신을 상처 내는 칼을 당당하게 받아들이고 허용했기 때문에 비로소 최고의 요리가 나올 수 있다. 울퉁불퉁한 모든 삶의 재료들이 도마 위에 올라 날랜 칼로 알맞게 다듬어져서 산해진미(山海珍味)의 상이 차려지는 것이다. 도마 위에서 맛난 음식들이 다져지고 만들어질수록 도마에는 칼집이 난다. 도마가 칼이 무서워 도망가거나 피했다면 우리는 모두 감당 못 할 거친 음식만 먹어야 했을 것이다.

상처 없는 꽃은 피자마자 죽은 꽃들 뿐이다. 현실을 살아가는 우리 가운데 상처 없는 사람이 어디 있겠는가. 꽃은 바람에 기대어 살고, 바람은 구름에 기대어 살며, 상처받고 또 상처받아도 사람은 사람에게 기대어 산다. 이런 '필연적 상처' 가운데 도마 같은 사람은 얼마나 고마운지 모른다.

도마 같은 사람은 도화지 같은 사람이다. 하얗고 순수해서 이웃의 그림을 빛나게 해주는 사람, 이웃을 드러내기 위해 밑자리에 서 있는 사람이다. 설탕은 자기 맛을 내려 하고, 소금은 남의 맛을 돋워준다. 이렇게 소금 같은 사람이 되어 맛의 배경이 되어주는 사람이 있다. 관계대명사 같은 사람이 있다. 자기 스스로는 빛나려 하지 않고, 사람끼리 관계를 잘 맺어주는 사람이다. 이런 사람이 복덩이다.

예수님도 많은 사역으로 심신이 피곤하실 때가 있었다. 그럴 때 마리아와 마르다의 집을 찾으셨다. 거기에 회복이 있고 쉼이 있었기 때문이다. 사도 바울도 지치고 힘들 때가 많았다. 하나님은 지친 바울에게 좋은 사람, 마음을 시원케 하는 사람을 만나게 해 주셨다.

> 그들이 나와 너희 마음을 시원하게 하였으니 그러므로 너희는 이런 사람들을 알아주라 ____ 고전 16:18

울퉁불퉁하던 마음, 복잡하던 마음을 시원하게 하는 사람. 이렇게 좋은 사람을 만나면 회복이 된다. 이런 사람은 이웃을 시원케 해주기 위해 도마의 칼자국처럼 자신이 상처를 많이 당하곤 한다. 생각할수록 고마운 사람들이다.

상처는 상처를 이해하는 사랑의 흔적

바다는 바람이 불어도 배가 지나도 물울타리가 선다. 모든 나무에는 옹이가 남는다. 삶의 흔적이다. 박새 같은 작은 새도 나뭇가지를 떠나면, 가지가 부르르 떨면서 그 흔적을 보여준다. 하물며 박새보다 더 영물인 우리는 삶에 작고 큰 흔적을 남긴다. 나무가 자신의 삶을 고스란히 나이테에 담아 아름다운 무늬를 만들듯, 우리의 삶에는 무슨 흔적, 무슨 무늬가 있을까?

"네 손가락을 이리 내밀어 내 손을 보고 네 손을 내밀어 내 옆구리에 넣어보라."

부활하신 예수님께서 도마에게 그렇게 말씀하셨다(요 20:27). 이 구절을 묵상하면서 깜짝 놀랐다. 예수님은 부활하신 후에도 십자가의 못 자국, 창 자국을 그대로 가지고 계셨던 것이다. 그리스도의 상처는 그분의 정체성을 상징한다. 그 상처는 그분이 누구신지를 말해준다. 예수님은 온 삶과 영혼과 몸으로 사랑의 흔적 사랑의 상처로 가득하셨던 분이다. 부활하신 후에도 상처 자국을 그대로 가지고 계셨던 주님은 상처로 가득한 우리를 이해하신다.

그 예수님을 사랑한 사도 바울도 자신의 삶에 예수님을 사랑한 흔적이 가득하다고 하였다. 옥에 갇히기도 했고, 여러 번 죽을 뻔했고, 서른아홉 번씩 다섯 차례 매를 맞았고, 세 번 태장으로 맞았고, 돌로 맞았고, 세 번 파선했고, 온갖 위험을 다 겪었고, 헐벗고 굶주렸다. 그뿐만 아니라, 수없이 질시를 당하고 위협을 받고 미움을 당했다. 이 모두가 주님을 사랑하여 몸과 마음에 새겨진 흔적이었다. 그래서 바울은 이런 고백을 하였다.

> 내가 내 몸에 예수의 흔적을 지니고 있노라 _____ 갈 6:17

마음과 정성을 다하여 주님과 가족 친지와 성도들과 이웃을 섬기는 당신.
그런 당신을 수없이 쪼아대는 새들.
그러나 구름이 가로막혀 있다고 보름달이 가던 길을 멈추거나 둘러 가지 않듯이 도마같이 당당하게 아픔을 받아내며 깊고 푸른 맛을 모두에게 나누어주는 당신.
힘내세요. 당신이 참 고맙고 자랑스럽습니다.
당신의 몸과 마음속에 난 상처, 그 흔적은 칼자국이 아니라 꽃무늬입니다.

황인숙 | 딸꾹거리다

목이 메는 말
'아버지'

아버지는 감자찌개의 돼지고기를 내 밥 위에 얹어주셨다.
제발, 아버지.
나는 그것을 씹지도 못하고 꿀꺽 삼켰다. 그러면 아버지는
얼른 또 하나를 얹어 주셨다. 아버지, 제발.
비계가 달린 커다란 돼지고기가 내 얼굴을 하얗게 했다.
나는 싫다는 말도 하지 못하고
아버지는 물어보지도 않고 내 밥 위에
돼지고기를 얹어 주시고.

아버지가 좋아하시던
함경도식 감자찌개 속의 돼지고기.[76]

설레는 말이 있고, 멋있는 말이 있으며, 물컹 목이 메는 말이 있다.

'봄'은 설레는 말이고, '커피'는 멋있는 말이고, '아버지'는 물컹 목이 메는 말이다. 나이 들어가면서 손수건으로 살짝 문지르는 정도의 세련된 눈물을 흘리고 싶은데, 아버지! 하고 나직이 불러 보면, 왜 그리 눈물이 쏟아지는지. 고상하고픈 허위를 다 깨는 아버지.

볼로네제, 봉골레, 크레페… 고상한 이태리 음식, 프랑스 음식을 먹고 고상한 말을 하려는데 함경도식 감자찌개, 그 속의 돼지고기로 모든 말문을 막히게 하는 아버지.

노벨상을 받은 인도의 시인 타고르에 얽힌 이야기다.

타고르가 어느 날 배를 타고 갠지스강을 건너고 있었다. 바람 한 점 없이 고요한 수면, 새소리조차 들리지 않는 고요한 풍경이 삼라만상을 잠재우는 듯하였다. 그때 돌연 물고기 한 마리가 펄쩍 뛰어 고요를 깨며 배를 가로질러 강 건너편으로 사라졌다. 그러자 석양에 물든 강물에 황금 파문이 번졌다. 타고르는 감탄하며 중얼거렸다.

"아, 이것이 자연이로구나!"

그런데 뱃사람이 한마디 했다.

"아이구, 아깝다. 물고기가 배 안에 떨어졌더라면 좋았을 텐데…."

이 이야기를 듣고, 타고르는 역시 시인이고 뱃사람은 야만인이다, 타고르는 고매하고 뱃사람은 속물이라고 해석한다면 이 땅의 모든 아버지는 속될 것이다. 아버지의 마음에는 자식 목구멍에 밥 넘어가는 소리가 갠지스강에서 피어나는 그 어떤 시상(詩想)보다도 청아하다. 배고픈 내 새끼 밥 먹이는 일이라면 속물이 되어도 좋다는 것이 아비 마음이다. 아버지가 누더기를 걸치면 자식은 모르는 척할 수 있지만, 아버지는 자식을 끝까지 사랑한다.

허세 부릴 여지도 여유도 없는 우리의 아버지
좋은 시인 이성복 님의 시 〈꽃 피는 아버지〉 중에 이런 구절이 나온다.

나무는 웃고만 있었다
그날 밤
아버지는 쓰러진 나무처럼
집에 돌아왔다 내 머리를 쓰다듬으며
아버지가 말했다
너는 내가 떨어뜨린 가랑잎이야[77]

우리들의 아버지는 남산 위에서 철갑을 두른, 바람서리에도 불변하는 소나무 같은 존재가 아니라 쓰러진 나무 같은 분들이었다. 쓰러지면서도 꽃 피우고 싶은 아버지가 우리에게 말한다.
"너는 내가 떨어뜨린 가랑잎이야"

아버지에 대한 시 하나를 더 보자. 윤제림 시인의 시 〈가정식 백반〉이다.

아침 됩니다 한밭식당
유리문을 밀고 들어서는,
낯 검은 사내들,
모자를 벗으니
머리에서 김이 난다
구두를 벗으니
발에서 김이 난다

아버지 한 사람이
부엌 쪽에 대고 소리친다,
밥 좀 많이 퍼요.[78]

밥 좀 많이 퍼요! 이 구절을 한참을 바라본다. 참 리얼하다. 따뜻하다. 우리들의 아버지는 가족을 위해 세상 앞에 고개 숙이고, 자존심도 구겨 넣고, 겨우 식당 부엌을 향해 "밥 좀 많이 퍼요!" 하는 소리만 지를 뿐이다.

일본의 작가 오쿠라 히데오의 소설《마돈나》중에 이런 구절이 나온다.

"(아버지) 모두가 주택대출금을 안고 있고, 아이들 교육에 골치를 썩으며, 부모 모실 준비를 하고 있다. 서로가 서로를 너무 잘 알고 있어 허세 부릴 여지가 없다."[79]

허세를 부릴 여지도, 여유도 없는 아저씨. 그가 우리들의 아버지다.

'오빠와 아저씨의 차이'라는 유머가 있다.

핸드폰을 주머니에 넣으면 오빠, 허리에 차면 아저씨.

덥다고 윗단추 풀면 오빠, 바지 걷으면 아저씨.

벨트라고 부르면 오빠, 혁대라고 부르면 아저씨.

식당에서 물수건으로 손 닦으면 오빠, 얼굴 닦으면 아저씨.

목욕탕 거울을 볼 때 가슴에 힘주면 오빠, 배에 힘주면 아저씨….

오늘도 바람 먹은 맹꽁이처럼 배 나온 아저씨들이 길을 걷고 있다. 그걸 보고 추하다고 흉보지 말자. 우리를 위해 울분과 눈물을 삼키고 삼켜 배가 나온 것이다. 자세히 보라. 아버지의 배가 불룩한 것은, 배가 나온 것이 아니라 삶의 아픔으로 가슴이 들어간 것이다.

설레는 말이 있고, 멋있는 말이 있으며, 물컹 목이 메는 말이 있다.

'봄'은 설레는 말이고, '커피'는 멋있는 말이고, '아버지'는 목이 메는 말이다.

아버지 고맙습니다.

네 아버지와 어머니를 공경하라 이것은 약속이 있는 첫 계명이니
_____ 엡 6:2

미국 남북전쟁 때의 병사 | **무명 병사의 기도**

내 뜻대로
안 될지라도

나는 성공하고자 건강을 빌었으나

하나님은 내가 순종하도록 병약하게 만드셨습니다.

나는 행복을 누리고자 부를 빌었으나

하나님은 내가 지혜로워지도록

가난하게 만드셨습니다.

나는 더 큰 일을 하고자 힘을 빌었으나

하나님은 내가 더욱 선익한 일을 하도록

무력하게 하셨습니다.

나는 사람들의 칭송을 받고자 권세를 빌었으나

하나님은 내가 당신의 필요성을 느끼도록

연약하게 만드셨습니다.

나는 인생을 누리고자 온갖 것을 빌었으나

하나님은 내가 온갖 것을 누리도록 생명을 주셨습니다.

나는 스스로 빌었던 것을 아무것도 받은 바 없지만

내가 바라던 것보다 훨씬 많은 것을 받았습니다.

내 기도는 응답을 받았으니

나는 가장 복된 사람입니다.

우리는 때때로 우리 삶에 부는 바람을 멈춰달라고 기도하지만, 주님은 바람을 멈추는 대신 풍차 만드는 법을 가르쳐주신다. 파도를 멈춰달라고 하지만, 주님은 파도를 탈 수 있는 사공으로 만들어주신다.

종이는 접힐 때 아픔을 느낀다.

"왜 나를 접으세요?"

아픔을 호소하자 예술가는 말한다.

"네가 보기에는 접히는 아픔 같지만 사실은 비행기를 만드는 중이란다."

그렇게 예술가에 의해 접힌 종이가 비행기 되어 날아간다. 위대한 예술가이신 하나님은 접기도 하고 펴기도 하면서 우리를 빚어가신다. 하나님이 이끄시는 대로 순종하며 가는 것이 성숙한 영성이다.

우리의 삶은 우리의 의도대로 움직이지 않는다. 때때로 주님이 우리를 엉뚱한 곳으로 이끌어 가실 때가 있다. 그래도 주님께

굳게 붙어 있고, 주님이 인도하시는 곳으로 이끌려 다닐 수 있는 인내. 이것이 바로 성숙이고 영성이다.

1664-1666년 인류 최초의 팬데믹(pandemic, 세계적 대유행)이라고 할 수 있는 흑사병(페스트)이 유럽을 엄습했다. 페스트가 크게 유행하자 영국 런던의 케임브리지 대학교에도 휴교령이 내렸다. 이에 당시 이 학교의 재학생이던 뉴턴은 고향으로 내려와 사색과 연구로 시간을 보냈다.

과학자들은 뉴턴이 고향에서 보냈던 이 시기를 '기적의 해'라고 부른다. 이 시기 동안 뉴턴은 그 유명한 만유인력의 법칙을 발견한다. 미적분학, 천체 역학의 연구 발표도 이때 이루어진다. 뿐만 아니라 이 시기에 20개가 넘는 다양한 주제를 동시에 연구했다. 깊은 고난의 때는 깊은 발견의 때이기도 하다.

밀가루를 싫어하는 사람이 있었다. 버터도 싫어하고 설탕도 싫어한다. 달걀도 싫어한다. 그런데 이 모든 것을 합쳐서 구웠더니 맛난 비스킷이 나왔다. 하나님이 우리 인생을 이렇게 이끌어 가실 때가 있다. 하나하나 보면 싫은 것들이다. 그러나 모두 합치면 비스킷이 된다. 낱개로 보이면 쓰디쓴 것들이 하나님이 합력하게 하시면 선을 이룬다.

하나님이 옳으시다. 만일 모든 것이 우리 뜻대로 다 이루어졌다면 우리는 폐인(廢人)이 되어 있을 수도, 감옥에 들어갔을 수도 있을 것이다.

주님의 은혜는 고난을 통해 선을 이루신다

이런 신앙 예화가 있다.

신실한 신앙의 삶을 사는 한 어부의 가정이 있었다. 그날도 아버지는 여느 때와 다름없이 배를 타고 고기를 잡으러 나갔다. 그런데 예기치 못한 풍랑을 만났다. 종일 풍랑에 시달리다 밤이 되었다. 칠흑 같은 어둠 속에 방향을 분간할 수가 없고 힘도 다 빠져서 표류하다 죽게 될 지경이었다.

그 시간에 가족들은 바닷가에 나가 안타까이 아버지를 기다리고 있었다. 기도하고 기도해도 아버지는 돌아오지 않고 밤은 깊어가고 무심한 파도 소리만 가득했다. 이 어부의 집이 바닷가 언덕 위에 있었는데, 설상가상으로 집에 불이 나 버렸다. 마을 사람들이 밤새도록 불을 껐지만 집과 세간을 몽땅 태우고 말았다. 아내는 절망과 허탈에 빠졌다. 그런데 너무나 감사하게도 배가 무사히 돌아오는 것이 아니겠는가.

"여보, 무사히 돌아와서 정말 고마워요. 그런데 이 일을 어쩌지요? 집에 불이 나서 밤새도록 다 태워버렸어요. 불이 빨리 꺼지기를 기도했건만 다 타 버리고 말았어요."

아내의 말을 듣고 있던 남편이 대답했다.

"여보, 나는 폭풍을 만나 길을 잃었소. 칠흑 같은 어두움 속에서 이제 죽었구나 했는데, 갑자기 생명 같은 불빛을 보게 되었소. 그 불빛이 육지에서 비추는 것인 줄 알고 불빛을 향해 사력을 다해 노를 저어 오게 된 것이오. 그 불빛이 바로 우리 집이 불에 타는 불빛이었구려."

참 다행이다. 어부 아내의 기도대로 집의 불이 일찍 꺼졌다면 남편은 살아 돌아오지 못했을 것이다.

내 뜻대로 내가 정해놓은 방법과 시간대로 기도가 이루어지는 것을 기도의 능력이라고 하지 않는다. 죄성 많고 허물 많은 우리가 하늘 보좌를 흔든다면 하늘나라는 망하게 된다. 이해할 수 없는 고난의 현실이 눈앞에 있어도 하나님의 뜻이 이루어지는 것이 최상이다.

고난은 쉽게 해석할 수 없다. 그러나 우리의 고난보다 하나님의 은혜가 더욱 크다는 것은 분명하다. 그리고 반드시 합력하여 선을 이룬다. 이 진리를 크게 믿고, 주님이 이끄시는 대로 갈 수 있는 믿음이 성숙된 믿음이다.

돌아보면 모든 것이 주님의 은혜였다. 장미꽃도 은혜였고 장미꽃 가시도 은혜였다. 장미꽃을 보고 기뻐했으며 장미꽃 가시 때문에 겸손을 배웠다.

죽은 병사의 기도를 이렇게 읽어보자.

주님, 저는 출세를 위해 힘을 구했으나
당신은 순종을 배우도록 연약함을 주셨습니다.
저는 만민으로부터 존경받는 자가 되려 명예를 구했으나
당신은 저를 낮아지게 하시어 당신만을 바라보게 하셨습니다.

주님, 저는 삶의 즐거움을 위해 모든 것을 소유하고자 했으나
당신은 모든 사람에게 즐거움을 주는 삶으로 인도해주셨습니다.

우리가 알거니와 하나님을 사랑하는 자 곧 그의 뜻대로 부르심을 입은 자들에게는 모든 것이 합력하여 선을 이루느니라 _____ 롬 8:28

도종환 | 단풍드는 날

버려야 얻는 것
버려야 아름다운 것

버려야 할 것이
무엇인지를 아는 순간부터
나무는 가장 아름답게 불탄다

제 삶의 이유였던 것
제 몸의 전부였던 것
아낌없이 버리기로 결심하면서
나무는 생의 절정에 선다[80]

(후략)

인생의 고통은 얻지 못해서가 아니라 버리지 못해서인 경우가 많다. 진정한 승리자는 많은 것을 얻은 자가 아니라 의미 없는 것을 버린 자다. 어리석은 새는 반짝이는 것을 무엇이든 주워 모으는 습성이 있다고 한다. 실어나른 유리 조각들로 둥지가 엉망이 되어도 말이다.

아무리 빛나는 것들을 얻었어도, 버려야 할 것들을 끌어안고 살면 고물상 인생이 된다. 난파하는 배에서 가장 늦게 내리거나 끝내 배와 함께 수장되는 사람은 보따리를 많이 실어둔 사람이다.

물을 보자. 끊임없이 아래로만 흐른다. 그러면서 다른 존재들을 깨끗하게 씻어준다. 자기를 고집하지 않고 자기를 버려 그릇 모양에 따라 같은 모양이 된다. 자갈과 도래와 시멘트는 각자 따로따로지만, 자기를 비운 물이 들어감으로써 하나가 되어 벽돌이 되고 콘크리트가 된다.

이렇듯 버려야 열리는 세계가 있다. 버리면 자유가 생기고 신선한 것이 들어올 여백이 생긴다. 강은 자신을 버려야 바다에 이르고, 나무는 꽃을 버려야 열매를 맺고, 이파리를 버려야 겨울을 난다. 나뭇가지에 새잎이 돋아나려면 이전의 나뭇잎을 버려야 한다. 지식도 오래된 지식을 버려야 새 지식이 들어간다. 석공이 작품을 위하여 돌을 쪼아내듯, 버려야 할 것을 버려야 새로운 것이 들어올 자리가 생긴다.

사람 또한 육신의 정욕, 안목의 정욕, 그리고 이생의 자랑을 버릴수록 성령의 열매를 맺는다. 그리하여 이루고 행한 것뿐만 아니라 버린 것도 열매다. 주님 때문에 내려놓은 자존심, 욕심, 나의 의(義), 시기, 복수심, 과거, 집착, 허영, 이기심 등 주님을 사랑하여 내려놓은 것들 또한 분명한 성령의 열매다.

좋은 것이 위대한 것의 적

기업도 마찬가지다. 세계적인 경영학자 짐 콜린스는 그의 명저 《좋은 기업을 넘어 위대한 기업으로》에서 "지금 좋은 것을 버리면 위대한 것을 가지게 된다"라고 말했다. 그러면서 "좋은 것은 위대한 것의 적(敵)"이라는 유명한 말을 한다.

> "좋은 것(good)은 큰 것(great), 거대하고 위대한 것의 적이다. 그리고 거대하고 위대해지는 것이 그토록 드문 이유도 대개는 바로 그 때문이다."[81]

짐 콜린스는 스탠퍼드대 경영대학원의 명강의 교수로, 미국 경영학의 대부라 불린다. 그는 5년에 걸쳐 2,000여 명의 심층 인터뷰와 6,000여 편의 관련 논문을 통해 20년 동안 살아남은 기업을 총체적으로 분석하여 《좋은 기업을 넘어 위대한 기업으로》(Good to Great)라는 명작을 저술한다. 이 책에 의하면 많은 기업과 사람들이 그런대로 '좋은 삶'에 만족하며 그 너머 '위대한 삶'으로 나아가려고 하지를 않는다. 분명히 도약할 수도 있는데 이만하면 되었다면서 위대한 삶을 미리 포기한다는 것이다.

짐 콜린스가 '좋은 것'에 만족하지 말고 더 '위대한 것'을 추구하라고 강연할 때 그는 이런 질문을 받았다.

"제가 왜 꼭 위대한 회사를 만들어야 하는 거죠? 전 단지 성공하고 싶을 뿐이라면 어쩌죠?"

이에 대해 짐 콜린스는 두 가지 답을 주었다.

첫째로, 위대한 것(great)을 만드는 일이 좋은 것(good)을 만드는 일보다 더 어렵지 않다는 것이다. 즉 위대한 것을 추구할 때 드는 에너지는 좋은 것을 지속시키려 할 때 드는 에너지와 별반 차이가 없다는 것이다.

둘째, 위대한 것을 추구하는 것은 '의미'를 찾는 일이라는 것이다. 사람이 가장 보람을 찾을 때가 바로 자신의 삶에서 '의미'를 찾았을 때인데, '위대한 것'을 추구하면 의미를 찾게 된다는 것이다.

한마디로 '위대한 것'이 이렇게 좋은 것이니 '좋은 것'에 머물지 말고 '위대한 것'을 추구하라는 조언이다. 그런데 왜 많은 개인과 기업들이 이 일을 못 하는가? 바로 '버리지' 못하기 때문이다. '좋은 것'에 집착하여 버리지 못하기에 '위대한 것'으로 나아가지 못하는 것이다.

그리하여 짐 콜린스는 유명한 교훈을 준다.

좋은 것은 위대한 것의 적![82]

좋은 것에 취해 좋은 것보다 더 좋은 것, 더 위대한 것을 생각하지 않는 어리석음!

배설물을 내버림으로 가장 좋은 것을 맺는 삶
신앙생활은 더욱 그러하다. 이 세상에 아무리 좋은 것들이 많아도 하늘나라의 그것하고는 비교할 수 없다. 세상의 좋은 것에 취해 하늘의 위대한 것을 잃어버린다면 가장 어리석은 인생이 된다.

> 사람이 만일 온 천하를 얻고도 제 목숨을 잃으면 무엇이 유익하리요 사람이 무엇을 주고 제 목숨과 바꾸겠느냐 ____ 마 16:26

바울 사도는 예수님을 사랑하면서 그 사랑에 방해가 되는 것을 버리면서 살았다.

> 또한 모든 것을 해로 여김은 내 주 그리스도 예수를 아는 지식이 가장 고상하기 때문이라 내가 그를 위하여 모든 것을 잃어버리고 배설물로 여김은 그리스도를 얻고 그 안에서 발견되려 함이니 ____ 빌 3:8,9

배설물은 쌓아두면 악취를 풍기지만, 밭에 뿌리면 곡식을 키우는 양분이 된다. 바울은 히브리인 중의 히브리인이요, 베냐민 지파요, 가말리엘 문하생이요, 산헤드린 공회원이요, 율법으로는 흠이 없는 바리새인 중의 바리새인이요, 로마 시민권까지 가진 사람이었다. 그러나 이 모든 자랑거리를 통해 세상의 영광을 추구하려는 마음을 배설물처럼 버렸기에 "그리스도를 얻고 그 안에서 자신을 발견"하였다. 또한 이 모든 것을 배설물처럼 여기며 복음의 밭에 뿌렸기에, 바울이 가지고 있던 모든 것은 복음을 전하는 데 유용한 도구가 되었다.

반면, 배설물이 아까워서 끌어안았던 사람이 있다. 바울의 동역자 데마다.

> 데마는 이 세상을 사랑하여 나를 버리고 데살로니가로 갔고
> ── 딤후 4:10

데마는 바울과 함께 선교의 행렬에서 복음을 전하고 살다가 어느 날 갑자기 사라진다. 사람이란 만나면 헤어질 수도 있는 것이다. 그런데 데마의 떠남이 문제가 되는 것은 그가 바울을 떠나게 된 시기와 동기 때문이다.

디모데후서는 바울 사도의 거의 마지막 편지다. 바울은 자기 생애의 마지막 시간을 로마에서 보냈다. 로마에서의 시간은 깊은 고난과 고통의 시간이었다. 디모데후서를 기록할 때는 로마

의 감옥에 있거나 감옥에서 막 나왔던 시점이었을 것이다. 죽음을 예감한 바울은 이 세상을 떠나기 전에 마지막으로 자기의 복음을 향한 열정을 세계의 수도인 로마에 쏟고 싶었다. 이때 데마는 바울 곁을 떠났다.

그런데 이것보다 더 중요한 이유가 있다. 데마는 "세상을 사랑하여" 데살로니가로 떠났다. 성경에 나오는 '세상'의 의미가 몇 가지 있지만 여기서 '세상'은 하나님을 따르지 못하게 하는 잘못된 사고와 철학과 가치관, 욕심 등을 의미한다. 이러한 '세상'의 의미를 가장 잘 보여주는 것이 요한일서 2장 15,16절의 말씀이다.

> 이 세상이나 세상에 있는 것들을 사랑하지 말라 누구든지 세상을 사랑하면 아버지의 사랑이 그 안에 있지 아니하니 이는 세상에 있는 모든 것이 육신의 정욕과 안목의 정욕과 이생의 자랑이니 다 아버지께로부터 온 것이 아니요 세상으로부터 온 것이라 ____ 요일 2:15,16

이 '세상'은 주님을 십자가에 못 박은 세상이다. 주님의 길을 따른 사람을 조롱하고 배척하는 세상이다. 그런데 데마는 "이 세상을 사랑하여" 바울을 떠나갔다. 바울이 배설물로 여겨 던진 것을 데마는 끌어안으려 한 것이다.

버려야 할 것이 무엇인지를 아는 순간부터, 나무는 가장 아름답게 불탄다. 버림으로써 얻는 것이 있다. 이 말은 버리지 않으면 얻을 수 없다는 의미이기도 하다. 그릇은 지저분한 것을 버림으로써 소중한 것을 담을 수 있다. 버림은 곧 신선한 것의 채움으로 이어진다.

"내가 그를 위하여 모든 것을 잃어버리고 배설물로 여김은 그리스도를 얻고 그 안에서 발견되려 함이니"

성취하는 것만 열매가 아니라 주님을 위해 버린 것들도 성령의 열매다.

쌓아두었던 저주의 말을 버린 당신,
쏟고 싶었던 복수의 마음을 버린 당신,
좇고 싶었던 환락을 버린 당신.
당신은 하나님의 멋진 단풍입니다.

공광규 | 완행버스로 다녀왔다

하나님이 완행버스를 태워주시는 이유

오랜만에 광화문에서
일산 가는 완행버스를 탔다
(중략)
남원추어탕집 앞도 지나고
파주옥 앞도 지나고
전주비빔밥집 앞도 지나고
(중략)
그러는 사이 버스는 뉴욕제과를 지나서
파리양장점 앞에서
천국부동산을 향해 가고 있었다

(중략)

직행버스를 타고 갈 수 없는 곳을
느릿느릿한 완행버스로 다녀왔다[83]

'빨리빨리' 가는 시대에 시인은 완행버스를 탄다. 직행버스를 탔을 때는 보이지 않던 남원추어탕집, 전주비빔밥집, 뉴욕제과 등을 본다. 분명히 그 자리에 있었던 것들인데 보지 못했던 풍경들이다.

시골 완행버스는 더 느리다. 나물 뜯느라 해보다 먼저 일어나 언덕으로 들로 다니셨던 샘골 할머니가 타시고, 장터에서 품을 팔던 아저씨가 앉자마자 코를 골고, 짙은 삶의 땀 내음…. 완행버스는 정을 싣고 느릿느릿 달린다. 하늘에는 달팽이를 닮은 커다란 구름장이 느릿느릿 흐르고 있다.

소중한 것은 언제나 천천히 온다. 쉽게 얻은 것은 쉽게 싫증이 난다. 속성으로 재배한 열매보다, 비바람을 다 맞고 땡볕을 다 받으며 오래오래 견딘 열매가 더 맛있는 것은 당연한 이치다.

늘 급행열차만 타려는 우리에게 하나님은 때때로 완행열차를 타게 하신다. 느리게 가게 하시고, 때로는 멈추게 하신다. 그리하여 조그만 간이역에서 웃고 있는 늙은 역무원, 철로 옆에서 하늘거리는 코스모스 등 애틋이 숨어 있는 작은 아름다움을 보게 하신다.

하나님은 '고난'을 통하여 우리를 완행버스로 바꿔 타게 하신다. 고난을 당하면 달리던 잰걸음이 느려진다. 당연하다고 여기던 것에 대해 곰곰이 생각해본다. 땀을 식히고 서서히 걷다 보면 급히 달릴 때 보지 못했던 꽃을 보게 된다. 맑은 날에는 깃발을 꽂기에 바쁘다. 비오는 날은 하늘을 가르는 억만 가닥 빗줄기를 보면서 동굴 속에서 벽화를 그리며 맑은 날 보았던 것들의 의미를 돌아본다.

이렇게 하나님이 우리의 삶을 잠시 멈추게 하실 때가 있다. 급행버스를 타고 있던 우리에게 완행버스를 타게 하신다. 그것은 침체가 아니라 속도 때문에 보지 못했던 풍경을 보게 하시기 위함이다.

지름길이란 A지점에서 B지점을 거치지 않고 C지점으로 곧바로 가는 길을 의미한다. 지름길이 빠를 수는 있으나 B지점에서 만날 수 있는 Bird(자유로운 새), Beach(탁 트인 해변), Bread(맛있는 빵) 등을 다 맛보지 못하게 된다. 지름길만이 최상의 길이라 하고 속도에 미친 우리에게 주님은 풍경을 보며 즐거워하고 기뻐하라고 하신다.

풍경을 볼 줄 아는 사람이 인생 고수요 신앙의 고수다. 주님이 지으신 풍경을 마음에 품으며 살았던 다윗의 풍요로운 고백을 보라.

여호와 우리 주여 주의 이름이 온 땅에 어찌 그리 아름다운지요 주의

영광이 하늘을 덮었나이다 ____ 시 8:1

생금가루 같은 햇빛이 힘을 잃고 어스름이 살을 푸는, 그리하여 그림자가 편안히 옆으로 눕는 저녁 길. 다정한 골목길에 구수하게 익어가는 국수 냄새. 여유 있게 걸어가다가 돌부리에 채여 넘어지면 씨익 웃으면서 일어나 바지에 묻은 흙먼지를 툭툭 털어보기도 하고, 길가에 피어난 민들레나 제비꽃을 한없이 바라보는 넉넉함. 아니, 더 고개를 숙여 외로운 풀잎들을 위로하기 위해 방문하는 달팽이의 땀을 보는 서정.

지름길 직행버스로 가던 길이 고난을 만나 속도가 느려지며 완행버스로 갈아타고 구불구불 우회길을 갈 때 그간 보지 못했던 마디마디 풍경을 살피며 주님이 주시는 또 다른 축복을 보게 된다.

밀란 쿤데라 | **농담**

부조리하고 웃기고
농담 같은 세상이지만

거장(巨匠) 밀란 쿤데라의 《농담》(문학사상사, 1996)은 농담으로 인생이 바뀐 한 남자의 농담 같은 이야기다.

소설의 배경이 된 1940년대 후반의 체코는 독일 나치에서 해방된 후 구소련의 체제를 따른 공산국가로 변모해 가던 시기였다. 촉망받는 엘리트 청년 공산당원이던 주인공 루드비크는 여자 친구에게 던진 농담 한마디 때문에 소용돌이치는 인생으로 전락하게 된다.

루드비크는 여자 친구와 여행을 가고 싶었으나 그녀가 당(黨)의 연수를 떠나게 되자 너무도 '진지하게' 공산당 연수에 참여하는 여자 친구를 놀려주려고 "트로츠키 만세"라는 농담을 엽서에 적어 보낸다.

그런데 그 '트로츠키'는 스탈린이 남미까지 자객을 보내 암살할 정도로 배척하고 두려워한 정적이었다. 루드비크는 졸지에 반역자로 낙인찍혀 당에서 제명당하고 정치범을 수용하는 탄광으로 배치된다. 그곳에서 15년간 혹독한 강제 노동을 하며, 복수와 증오가 가득한 젊은 시절을 보낸다.

와신상담(臥薪嘗膽) 후 고향으로 돌아온 루드비크는 자신을 몰아내는 데 앞장선 친구 제마네크에게 복수하려고 그의 아내 헬레나를 유혹한다. 그런데 알고 보니 헬레나는 남편과 별거 중이었고, 루드비크의 복수극은 제마네크에게 오히려 새 출발의 기회가 되었다. 복수마저 농담이 되어버린 것이다.

자신과의 사랑이 거짓임을 알게 된 헬레나는 자살을 기도하는데, 자살약이 아닌 변비약을 먹게 된다. 결국 사랑했던(?) 루드비크와의 이별을 화장실에서 맞이하며 헬레나의 자살 기도 또한 농담처럼 우습게 끝난다.

이 소설 전체가 하나의 커다란 농담이다. 루드비크는 자신의 농담에, 그리고 역사의 농담에 얻어맞는다.

작가 쿤데라는 루드비크의 삶을 통해 인성을 움직이는 것은 필연과 역사 같은 진지함이 아니라 농담처럼 벌어지는 우연 같은 것임을 보여준다. 그의 말이 맞다면 우리는 참 기막힌 '참을 수 없는 존재의 가벼움'이다.

우리 인생은 이 소설처럼 진지함과 우스꽝스러움, 무거움과 가벼움이 어우러져 있다. 인생은 내가 어떤 방향으로 끌고 가려 해도 꿈쩍하지 않는 무거움이 있고, 동시에 실없는 말 한마디로 바뀔 만큼 가볍기도 하다.

밀란 쿤데라의 《농담》과 비슷한 뉘앙스의 작품 하나가 더 있다. 실존주의의 거장 사르트르의 《벽》(문학과지성사, 2005)이다.

《벽》의 주인공 파블로 이비에타는 1936년 스페인에 내란이 일어났을 때 그의 친구이자 내란의 배후 인물인 라몬 그리스를 숨겨주었다는 이유로 체포되어 사형을 언도 받는다. 자존심 강하고 심지가 굳은 파블로는 당혹감이나 억울함 등의 감정을 드러내지 않고 대의명분을 위하여 사나이답게 죽기로 결심한다.

파블로는 마지막 심문에서 라몬 그리스의 거처를 알려주면 살려주겠다는 제안을 받지만, 내가 살기 위해 친구를 배신할 수 없다고 생각한 그는 양심의 자유를 택한다. 라몬은 조카 집에 숨어 있었지만, 그가 묘지에 숨어 있다고 거짓말을 한 것이다.

친구와 대의를 배신하지 않은 파블로는 자유했다. 그런데 과연 그는 참으로 자유했을까? 어찌 된 일인지 얼마 후 파블로는 석방되고, 라몬 그리스가 체포되어 사형당했다는 뜻밖의 소식을 듣게 된다. 조카와 싸우고 집을 나와 묘지에 숨어 있었는데, 누가 밀고를 했는지 발각되어 사형을 당했다는 것이다.

잠시 기억을 뒤로 돌려보자. 파블로는 라몬 그리스가 묘지에 있다고 '거짓말'을 했다. 그런데 그는 진짜 묘지로 갔던 것이다.

망연자실한 파블로는 주저앉아 눈물이 날 만큼 웃고 또 웃는다. 죽음을 선택한 자유마저도 무너져내리는 '벽!' 그 극단적 존재의 상황, 그 한계 상황!

주인공 파블로는 '죽음'을 각오(선택)했는데 '삶'의 이야기로 변한다. 파블로에게 필연적으로 다가온 듯한 죽음이 빗나가면서 삶의 부조리성이 여지없이 드러난다. 그는 자신을 협박하고 죽이려는 자들 앞에서 조롱하듯이 묘지에 라몬 그리스가 있다고 했는데, 진짜 그가 거기 있다가 죽음을 당한다. 거짓말을 했는데 진실을 말해버린 것이다. 우리의 삶은 때대로 이런 부조리의 벽에 갇힌 것 같은 상황이 많다.

우연 속에 보이지 않는 섭리가 있다

이렇듯 '농담' 같은 일들, '우연'같이 '의미 없이 일어나는 듯한' 일들은 왜 발생하는 것일까? 이런 현실 앞에서 당황하며 우리도 부조리한 농담처럼 우습게 살아야 하는 것일까.

그렇지 않다. 주님은 이렇게 말씀하셨다.

> 참새 두 마리가 한 앗사리온에 팔리지 않느냐 그러나 너희 아버지께서 허락하지 아니하시면 그 하나도 땅에 떨어지지 아니하리라
> ──── 마 10:29

시장에서 하찮게 덤으로 오고 가는 참새 한 마리도 하나님의 섭리 가운데 있다는 것이다. 우연처럼 보이는 일의 근원으로 올라가다 보면, 보이지 않는 하나님의 섭리가 있다. 지금은 이해할 수 없고 말도 안 되는 일들이 눈앞에 있지만, 세상은 분명 하나님의 크신 계획 아래 움직이고 있다. 이것을 믿는 자가 신앙인이다. 신앙의 길이란 다 이해하고 납득하면서 걸어가는 것이 아니라 믿음으로 가는 것이다.

하나님은 시편을 통해 "하나님은 없다"라고 말하는 자가 가장 어리석고 교만한 자라고 하셨다(시 14:1). 하나님이 배제될 때 인간의 시선은 오직 인간 자신에게 맞추어진다. 그리하여 하나님의 섭리로 된 모든 것을 '우연'이라는 말로 바꾼다.

좀 더 깊이 들어가 보자.

기도하지 않는 사람은 자기 수준으로 사는 사람이고, 기도하는 사람은 하나님의 수준으로 사는 사람이다. 그리스도인들은 수많은 기도의 응답을 받으며 하나님의 은혜에 감사한다. 그러나 회의론자들은 이렇게 반박하곤 한다.

"기도가 응답된 것은 다만 우연의 일치일 뿐이요!"

세계적인 기독교 변증학자 C. S. 루이스가 바로 그런 질문을 받았다. 루이스가 기도에 대한 강연을 마치자 "그리스도인들이 감동받고 있는 기도의 응답이라는 것은 결국 우연의 일치가 아니겠느냐"라는 질문을 받았다. 그러자 루이스는 이렇게 대답했다고 한다.

"기도가 우연의 일치라고요? 그럴지도 모르지요. 그런데 내가 기도를 그치면 그 우연도 그친답니다."[84]

명쾌한 고백이다. 우리가 기도하기 시작할 때 얼마나 많은 우연의 일치가 발생하는지 놀랍지 않은가.

농담 같은 이 세상도 세밀하게 설계된 섭리의 구역

더 깊이 들어가 보자.

'골디락스 존'(Goldilocks Zone)이라는 것이 있다.

골디락스는 영국의 전래 동화 《곰 세 마리》에 등장하는 소녀다. 소녀는 곰 가족이 산책하러 나간 사이에 그 집에 들어가 집안을 엉망으로 만든다. 곰 가족이 냄비에 죽을 끓여놓았는데 골디락스는 첫 번째 죽은 너무 뜨거워서, 두 번째 죽은 너무 식어서 먹다가 뱉어 버린다. 그러고 나서 뜨겁지도 차갑지도 않은 세 번째 죽을 먹고는 잠이 든다.

우주의 골디락스 지역은 골디락스가 먹어치운 죽처럼 뜨겁지도 차갑지도 않아서 사람이 살 수 있는 적당한 곳을 말한다. 스티븐 호킹은 더 구체적으로 《위대한 설계》에서 별 주위의 온도가 적당해서 물이 액체 상태로 존재하는 곳이 거주 가능한 구역이며, 이 구역을 '골디락스 구역'이라고 했다.

골디락스 지역이 있다고 해서 모두 인간이 살 수 있는 곳은 아니다. 지금까지 골디락스 행성이라고 할 만한 후보는 여럿 있었지만, 생명체가 존재한다는 증거를 찾은 적은 없다. 지구처럼 인간이 살기에 적합한 환경은 매우 매우 적절하고 까다로운 조건을 만족해야 한다. 태양과의 적절한 거리, 적절한 태양빛, 적절한 자전과 공전. 공기도 호흡하기에 적합해야 하고 물도 있어야 하며 너무 뜨겁거나 너무 추워서도 안 된다.

이 모든 것은 우연이 아니다. 이 땅은 우리가 살기 적절하도록 하나님이 세밀하게 만드신 골디락스 존이다. 주님은 오늘도 세밀하게 섭리하고 계신다.

분명 이 세상은 부조리하고 농담 같은 세상이다. 하나님이 이 세상을 선하고 아름답게 만드셨건만, 우리의 죄악이 이 세상을 이토록 어그러지게 하였다.

농담 같은 이 세상을 하나님이 당장 결산하지 않으시는 이유가 있다. 조금 더 참으시면서 조금이라도 더 많은 영혼이 주님께 돌아오기를 기다리시기 때문이다.

> 주의 약속은 어떤 이들이 더디다고 생각하는 것같이 더딘 것이 아니라 오직 주께서는 너희를 대하여 오래 참으사 아무도 멸망하지 아니하고 다 회개하기에 이르기를 원하시느니라 _____ 벧후 3:9

우리는 믿는다.

이토록 부조리하고 농담같이 어그러진 세상 속에서도 하나님의 섭리는 어김없이 진행되고 있다는 것을. 우리를 향한 하나님의 사랑은 한 점도 어그러짐이 없다는 것을.

후주

1) 김영랑, 《모란이 피기까지는》, (동아일보사, 2009), p. 29.

2) 강영계, 《사랑》, (새문사, 2011), p. 173.

3) 유영만, 《공부는 망치다》, (나무생각, 2016), p. 116.

4) 니체, 《차라투스트라는 이렇게 말했다》, 정동호 역(책세상, 2000), p. 184.

5) 어거스틴, 《성 어거스틴의 고백록》, 선한용 역(대한기독교서회, 2018), p. 326.

6) 파트리크 쥐스킨트, 《깊이에의 강요》, 김인순 역(열린책들, 2019), p. 11.

7) 파트리크 쥐스킨트, 같은 책, p. 17.

8) 프란츠 카프카, 《변신》, 이재황 역(문학동네, 2011), p. 7.

9) 마릴린 먼로, 《마릴린 먼로, My story》, 이현정 역(해냄, 2003), p. 175.

10) 윤희상, 《소를 웃긴 꽃》, (문학동네, 2007), p. 22.

11) 신술래, 《만물은 서로 이렇게 사랑하고 있다》, (숲리, 1997), p. 23.

12) 신술래, 같은 책, p. 24.

13) 신술래, 같은 책, p. 38.

14) 박성민, 《쌍봉낙타의 꿈》, (고요아침, 2011), p. 21.

15) 안도현, 《너에게 가려고 강을 만들었다》, (창비, 2004), p. 10.

16) 곽효환, 《너는 내게 너무 깊이 들어왔다》, (교보문고, 2014), p. 75.

17) 이무라 가즈키요, 《종이학》, 박인재 역(김영사, 1983), p. 132.

18) 이성복, 《네 고통은 나뭇잎 하나 푸르게 하지 못한다》, (문학동네, 2014), p. 216.

19) 고두현, 《시 읽는 CEO, 처음 시작하는 이에게》, (21세기북스, 2016), p. 155.

20) 박제영, 《식구》, (북인, 2013), p. 41.

21) 정재찬, 《우리가 인생이라 부르는 것들》, (인플루엔셜, 2020), p. 226.

22) 나태주, 《꽃을 보듯 너를 본다》, (지혜, 2015), p.74.

23) 전민조, 《사진이 모든 것을 말해 주었다》, (포토넷, 2011), p.89.

24) 정호승, 《내가 사랑하는 사람》, (열림원, 2014), p.242.

25) 함민복, 《모든 경계에는 꽃이 핀다》, (창비, 1996), p.94.

26) 김헌, 《인문학의 뿌리를 읽다》, (이와우, 2016), p.127.

27) 울라브 하우게, 《내게 진실의 전부를 주지 마세요》, 황정아 역(실천문학사, 2008), p.6.

28) 이동원, 《이렇게 믿으라》, (나침반사, 2000), p.68.

29) 올더스 헉슬리, 《멋진 신세계》, 이경직 역(동서문화사, 2016), p.47.

30) 어니스트 헤밍웨이, 《킬리만자로의 눈》, 정영목 역(문학동녘, 2012), p.7.

31) 이청준, 《인문주의자 무소작 씨의 종생기》, (문학과지성사, 2016), p.149.

32) 롤프 옌센, 《드림 소사이어티》, 서정환 역(리드리드출판, 2014), p.12.

33) 금시아, 《뜻밖의 만남, Ana》, (달아실, 2019), p.8.

34) 이대흠, 《물 속의 불》, (천년의 시작, 2007), p.37-38.

35) 요나스 요나손, 《창문 넘어 도망친 100세 노인》, 임호경 역(열린책들, 2013), p.72.

36) 나태주, 《꽃을 보듯 너를 본다》, (지혜, 2015), p.102.

37) 오스 기니스, 《소명》, 홍병룡 역(IVP, 2006), p.83.

38) 황인숙, 《나의 침울한, 소중한 이여》, (문학과지성사, 1998), p.46.

39) 비스와바 쉼보르스카, 《끝과 시작》, 최성은 역(문학과지성사, 2016), p.34-35.

40) 파트리크 쥐스킨트, 《깊이에의 강요》, 김인순 역(열린책들, 2019), p.88.

41) 파트리크 쥐스킨트, 같은 책, p.92-93.

42) 이미도, 《이미도의 언어 상영관》, (뉴, 2019), p.174.

43) 황지우, 《게 눈 속의 연꽃》, (문학과지성사, 1994), p.14.

44) 줄리 폴리아노, 《고래가 보고 싶거든》, 김경연 역(문학동네, 2014), p.9.

45) 어거스틴, 《성 어거스틴의 고백록》, 선한용 역(대한기독교서회, 2019), p.114.

46) 이동원, 《이렇게 주 안에 살라》, (나침반사, 1998), p.218.

47) 이동원, 《서로가 서로를 위하여》, (나침반사, 1994), p. 3.
48) 이은성, 《소설 동의보감(상)》, (창작과비평사, 2001), p. 241-242.
49) 함석헌, 《수평선 너머》, (한길, 2009), p. 243-244.
50) 장영희, 《문학의 숲을 거닐다》, (샘터, 2005), p. 297.
51) 하버드대학교 신학부 교수 폴 틸리히(Paul Tillich)는 마리아의 이러한 헌신을 '거룩한 낭비'(holy waste)라고 하였다.
52) 허먼 멜빌, 《모비딕》, 김석희 역(작가정신, 2019), p. 76.
53) 허먼 멜빌, 같은 책, p. 681-682.
54) 허먼 멜빌, 같은 책, p. 683.
55) 허먼 멜빌, 같은 책, p. 242.
56) 허먼 멜빌, 같은 책, p. 216-217.
57) 파리 리뷰, 《작가란 무엇인가 1》, 권승혁·김진아 공역(다른, 2014), p. 306.
58) 무라카미 하루키, 《상실의 시대》, 유유정 역(문학사상사, 2000), p. 48.
59) 복효근, 《새에 대한 반성문》, (시와시학사, 2000).
60) 김인중, 《안산 동산고 이야기》, (두란노, 2005), p. 208.
61) 정여울, 《마음의 서재》, (천년의 상상, 2015), p. 127.
62) 이현우, 《거절 당하지 않는 힘》, (더난출판, 2018), p. 246.
63) C. S. 루이스, 《예기치 못한 기쁨》, 강유나 역(홍성사, 2015), p. 24.
64) 이현우, 《로쟈의 러시아 문학 강의 19세기》, (현암사, 2014), p. 238-239.
65) 엘리 위젤, 《나이트》, 김하락 역(예담, 2007), p. 25.
66) 랍비인 쿠쉬너는 《왜 착한 사람에게 나쁜 일이 일어날까》(창, 2000)를 저술하며 '하나님의 전능성'에 대해 의심하였다. 그의 의심은 어린 아들이 프로게리아(progeria)라는 병을 앓으면서부터다. 아들은 성장하지 못하고 마치 아주 나이가 많은 사람처럼 오그라들기 시작했다. 결국 아들은 청소년의 나이에 죽었다. 고통 속에 쿠쉬너가 발견한 답은 하나님은 살아계시고 선하지만 전능하지는 않다는 것이다. 사랑의 하나님이 인간의 이 지독한 고난을 그저 지켜보고만 있을 수 없다는 것이다. 그리하여 그

고난을 해결할 능력이 없다고 믿는 것이 옳다고 하였다. 자세한 사항은 《인문학을 하나님께 2》를 참고하라.

67) 니콜라스 월터스토프, 《나는 사랑하는 사람을 잃었습니다》, 박혜경 역(좋은씨앗, 2014), p.108.

68) 니콜라스 월터스토프, 같은 책, p.57.

69) 니콜라스 월터스토프, 같은 책, p.144.

70) 양정무, 《미술 이야기 6》, (사회평론, 2020), p.367.

71) 이동원, 《꿈으로 사는 비전인생》, (요단출판사, 2005), p.191-192.

72) 정호승, 《외로우니까 사람이다》, (열림원, 1998), p.14.

73) 정호승, 같은 책, p.38.

74) 송수권, 《툉》, (서정시학, 2013), p.18-19.

75) 여영미, 《빨간불이 들어오면 어디로 갈까》, (시문학사, 2002), p.17.

76) 황인숙, 《우리는 철새처럼 만났다》, (문학과지성사, 1994), p.25.

77) 이성복, 《뒹구는 돌은 언제 잠 깨는가》, (문학과지성사, 1980), p.51.

78) 윤제림, 《그는 걸어서 온다》, (문학동네, 2008), p.15.

79) 오쿠다 히데오, 《마돈나》, 정숙경 역(북스토리, 2015), p.24.

80) 도종환, 《마음의 쉼표》, (웅진지식하우스, 2010), p.156.

81) 짐 콜린스, 《좋은 기업을 넘어 위대한 기업으로》, 이무열 역(김영사, 2002), p.17.

82) 짐 콜린스, 같은 책, p.17.

83) 공광규, 《말똥 한 덩이》, (실천문학사, 2008), p.14-15.

84) 이동원, 《블레싱》, (규장, 2013), p.159.

인문학을 하나님께 3

초판 1쇄 발행	2021년 6월 28일
초판 12쇄 발행	2024년 2월 15일

지은이	한재욱

펴낸이	여진구		
책임편집	최현수		
편집	이영주 박소영 안수경 김도연 김아진 정아혜		
책임디자인	마영애 조은혜	노지현 이하은		
홍보 · 외서	진효지		
마케팅	김상순 강성민	마케팅지원	최영배 정나영
제작	조영석 허병용	경영지원	김혜경 김경희

303비전성경암송학교 유니게 과정
이슬비전도학교 / 303비전성경암송학교 / 303비전꿈나무장학회

펴낸곳	규장

주소 06770 서울시 서초구 매헌로 16길 20(양재2동) 규장선교센터
전화 02)578-0003   팩스 02)578-7332
이메일 kyujang0691@gmail.com   홈페이지 www.kyujang.com
페이스북 facebook.com/kyujangbook   인스타그램 instagram.com/kyujang_com
카카오스토리 story.kakao.com/kyujangbook
등록일 1978.8.14. 제1-22

ⓒ 저자와의 협약 아래 인지는 생략되었습니다.
이 출판물은 저작권법에 의해 보호를 받는 저작물이므로 무단 전재와 무단 복제를 할 수 없습니다.

책값 뒤표지에 있습니다.
ISBN 979-11-6504-225-7 03230

규 | 장 | 수 | 칙

1. 기도로 기획하고 기도로 제작한다.
2. 오직 그리스도의 성품을 사모하는 독자가 원하고 필요로 하는 책만을 출판한다.
3. 한 활자 한 문장에 온 정성을 쏟는다.
4. 성실과 정확을 생명으로 삼고 일한다.
5. 긍정적이며 적극적인 신앙과 신행일치에의 안내자의 사명을 다한다.
6. 충고와 조언을 항상 감사로 경청한다.
7. 지상목표는 문서선교에 있다.

하나님을 사랑하는 자 곧 그의 뜻대로 부르심을 입은 자들에게는 모든 것이 合力하여 善을 이루느니라(롬 8:28)

규장은 문서를 통해 복음전파와 신앙교육에 주력하는 국제적 출판사들의 협의체인 복음주의출판협회(E.C.P.A:Evangelical Christian Publishers Association)의 출판정신에 동참하는 회원(Associate Member)입니다.